外语教师教育者专长发展研究

颜奕 著

清华大学出版社
北京

版权所有，侵权必究。举报：010-62782989，beiqinquan@tup.tsinghua.edu.cn。

图书在版编目 (CIP) 数据

外语教师教育者专长发展研究 / 颜奕著 . -- 北京：清华大学出版社，2025.5.
ISBN 978-7-302-68515-9

Ⅰ．H09

中国国家版本馆 CIP 数据核字第 2025KM0332 号

责任编辑：王如月
封面设计：常雪影
责任校对：王凤芝
责任印制：沈　露

出版发行：清华大学出版社
　　　　　网　　址：https://www.tup.com.cn，https://www.wqxuetang.com
　　　　　地　　址：北京清华大学学研大厦 A 座　　邮　　编：100084
　　　　　社 总 机：010-83470000　　　　　　　　　邮　　购：010-62786544
　　　　　投稿与读者服务：010-62776969，c-service@tup.tsinghua.edu.cn
　　　　　质 量 反 馈：010-62772015，zhiliang@tup.tsinghua.edu.cn
印 装 者：涿州汇美亿浓印刷有限公司
经　　销：全国新华书店
开　　本：170mm×240mm　　　印　　张：11　　　字　　数：196 千字
版　　次：2025 年 5 月第 1 版　　印　　次：2025 年 5 月第 1 次印刷
定　　价：118.00 元

产品编号：100299-01

前　言

外语教师教育者肩负"双重责任"：他们不仅担负着职前及在职外语教师教育的任务，也间接影响着这些教师的学生学习。他们的专业发展处于"上游"位置，为外语教师教育和外语教育提供"源泉"。然而，在应用语言学领域，针对外语教师教育者的实证研究较为匮乏，鲜有对其独特的教育专长的探究。为此，作者在自己博士论文的基础上，以拓展学习理论为切入点，着力探明高校外语教师教育者教育专长的内涵。

本研究采用质性研究方法，对以课例为中介并由高校外语教师教育者、区英语学科教研员及一线中小学教师共同参与的教师学习活动进行了为期一年的跟踪探究，收集和整理了访谈、观察及文本等研究资料。笔者基于概念框架，采用归纳与演绎相结合的方式对资料进行了分析，描述、理解并阐释了高校外语教师教育者专长的发展过程、影响因素及其专长表现和作用。

本研究主要揭示了四个方面的发现。（1）高校外语教师教育者的教育专长在其与一线中小学英语教师及教研员合作的教师学习活动过程中，通过工具的分享和转化、社会话语的协商和争论以及矛盾的生成和化解得以发展。首先，该教育专长的发展是活动系统主体之间进行已有中介工具的互换和分享，并生成新型混合工具的过程；其次，主体社会话语之间的对话与协商促成了"多重声音"的产生，高校外语教师教育者倾听了教师和教研员的声音，增加了对一线学情的理解，改善了研修内容和话语方式，发展了其教育专长；最后，该教育专长的发展是一个由矛盾驱动的拓展学习过程，其中充满着各种张力的较量，这些张力的较量中主要存在四重矛盾，即"天上的what"与"地上的how"之间的矛盾、理论说教和教师学习之间的矛盾、珍视经验与重构经验之间的矛盾，以及教育实践和学术研究之间的矛盾。（2）该合作教师学习活动具备了活动系统的基本要素，包括主体、客体、中介工具、共同体及社会教育情境，且这些要素的共同作用影响了高校外语教师教育者专长的发展。（3）高校外语教师教育者的个体专长主要表现在四个方面：元认知、拓展学习的倾向、理论与实践的互动及元解说。这些表现在实践活动中并非孤立存在，而是交融互动、不断发展的。首先，元认知包括外语教师教育者对自我、情境与客体的认知，以及自我监控和适应性调节的技能；其次，拓展学习的倾向包括对新情境的理解、自我学习和发展以及创新的能力；最后，外语教师教育者通过理论与实践的互动，实现理论知识实践化以及实践知识理论化。与此过程最相关的就是元解说，即对教学方法和策略的选择、实施及背后机理等的显性叙述。（4）高校外语教师教育者的教育专长助力其在多元化情境中跨越边界、重塑教师学习，并创建了扎根实践的合作探究文化。

本研究创新之处体现在对理论的建构和对现实的启示两方面。

第一，研究着眼于对复杂、不确定的教育实践活动以及对时代变革的观察与思考，超越了对专长为"知"和"能"的传统解读。本研究通过拓展学习理论，透视了在以课例为主要中介的在职中小学英语教师学习活动中高校外语教师教育者教育专长纵向的个体维度和横向的社会维度，建构并完善了在本研究特定教育情境中该教育专长的实质性理论。此外，本研究还诠释了"理论与实践的互动""元解说""矛盾"及"跨越边界"等概念在研究情境中的特定意涵。

第二，本研究具有明显的实践取向，可为外语教师教育者的专业发展提供启示。从教育实践角度看，理解外语教师教育者如何开展工作，可为外语教师教育活动提供参考和借鉴，为新手外语教师教育者提供典范，助其了解专业成长过程中正在或将要面临的矛盾和挑战。从专业情感角度看，本研究可为外语教师教育者的专业身份正名，并改善公众对其专长的漠视态度。从教育政策角度看，本研究可为我国外语教师教育者资格或标准的制定提供参考，并推动外语教师教育者群体的专业发展。

颜奕

2024 年 8 月

目　录

第 1 章　导论　/　1
    1.1　问题的提出　/　1
    1.2　研究目的　/　3
    1.3　研究意义　/　3
    1.4　本书架构　/　4

第 2 章　文献综述　/　5
    2.1　外语教师教育者研究　/　5
    2.2　专长研究　/　16
    2.3　课例研究与教师学习　/　25
    2.4　小结　/　29

第 3 章　概念框架与研究设计　/　31
    3.1　概念框架　/　31
    3.2　研究设计　/　40
    3.3　小结　/　52

第 4 章　高校外语教师教育者专长拓展过程及影响因素　/　53
    4.1　影响专长拓展过程的因素分析　/　53
    4.2　专长拓展过程　/　67
    4.3　小结　/　82

第 5 章　高校外语教师教育者专长表现与作用　/　84
    5.1　专长表现　/　84
    5.2　专长作用　/　100
    5.3　小结　/　107

第 6 章　讨论　/　109

    6.1　高校外语教师教育者专长概念框架再探　/　109

    6.2　高校外语教师教育者专长再定义　/　121

第 7 章　研究结论与启示　/　124

    7.1　研究结论　/　124

    7.2　研究贡献　/　125

    7.3　研究局限及未来展望　/　127

第 8 章　研究者反思　/　129

    8.1　研究关系与研究者角色　/　129

    8.2　研究者个人成长　/　132

附录

    A.　访谈提纲　/　134

    B.　接触摘要单　/　136

    C.　访谈转写　/　137

    D.　观察记录　/　144

    E.　研究日志　/　147

    F.　使用 N-Vivo 整理和分析资料的过程　/　153

参考文献　/　155

后记　/　167

图 目 录

图 2-1　教师教育者的内涵　/　7
图 2-2　外语教师教育者的概念界定　/　8
图 3-1　第一代活动理论模型　/　31
图 3-2　第二代活动理论模型　/　32
图 3-3　第三代活动理论最小分析模型　/　32
图 3-4　拓展学习过程中的客体转化图例　/　34
图 3-5　人类活动系统中的四重矛盾　/　36
图 3-6　最近发展区拓展过程示意图　/　37
图 3-7　专业成长关联模型　/　39
图 3-8　研究概念框架　/　40
图 3-9　研究设计的互动模式　/　41
图 4-1　活动系统的分析单位　/　54
图 4-2　新型活动系统　/　55
图 4-3　活动分层　/　58
图 4-4　本研究活动系统中的四层矛盾　/　75
图 6-1　学习的三种隐喻　/　110
图 6-2　研究概念框架之再探　/　121

表 目 录

表 2-1　教师教育者概念纵览　/　5
表 2-2　外语教师教育领域的专业活动层级　/　8
表 2-3　专业精熟程度的级别　/　20
表 3-1　人类活动系统中的内部矛盾　/　35
表 3-2　本研究的资料收集情况　/　45
表 4-1　 活动系统的层级及其客体/目标　/　58
表 4-2　本研究活动系统中的四层矛盾　/　75
表 6-1　传统学习观与拓展学习观的对比　/　111

第1章　导　　论

1.1　问题的提出

应用语言学领域的研究长期以来都聚焦于语言学习者及其学习过程，原因在于学习者本人是学习的重心所在，且语言学习过程是一个复杂而神秘的探索领域。研究者的关注点不断发生转变，20世纪70年代关注学习者和教学法，80年代关注语言教师知识和教学实践，90年代关注语言教师发展的社会文化转向（Johnson，2006）。语言教师教育逐步引起了应用语言学家的重视（Richards & Nunan，1990；Wallace，1991；Richards，1998等），从而又引发了研究者对语言教师教育者专业发展的兴趣，一些专著应运而生（McGrath，1997；Malderez & Bodoczky，1999；Hayes，2004）。这样的研究反而符合人类认知的逻辑顺序：学生学习受到教师教学质量的影响，而教师教学一定程度上又映射着教师教育的质量。

由此可见，外语教师教育者肩负"双重责任"（double commitment）（Ben-Peretz et al.，2010：118）。第一，他们肩负着外语教师教育的任务，承担着传播教学理念的角色，其本身的专业发展是教师教育中的关键环节。如同教学改革的成败关键看教师，外语教师教育的成功与否则把握在教师教育者手里（Wright，2010：287）。第二，外语教师教育者间接影响着相关外语教师的学生学习，因此也影响着外语教学的质量。如Wright（2009：103）所言，外语教师教育者的专业发展处于"上游"位置，为下两个层级——外语教师教育和外语教育的专业活动提供"源泉"。

然而，在应用语言学领域中，针对外语教师教育者的实证研究较为匮乏。Wright（2010）指出，在语言教师教育领域中，对其教师教育者的研究远远落后于通识教育的相关研究。几位著名应用语言学家在其综述文章中都提出，目前应用语言学界对语言教师教育者的研究需要加大力度。例如，Borg（2010）指出，语言教师教育者的专业发展是迫切需要开拓的研究领域，值得关注的问题包括：他们如何成为语言教师教育者？如何理解自己的工作？他们面临哪些挑战？如何培养"有效"的语言教师教育者？Ellis（2010）在讨论了语言教师教育者作为二语习得理论传输者、教师指导者和教师教学反思意识的提高者等三重角色的基础上，感叹于语言教师教育者相关研究之匮乏，并提出问题：语言教师教育者是如何理解二语习得理论的？他们如何影响语言教师？他们在二语习得研究者和教师之间扮演了怎样的中介角色？Wright（2009）认为，未来的研究可以进一步探讨语言教师教育者的专业发展，特别是他们在改革背景下的改变及教育实践过程。

我国外语界对外语教师的研究起步相对较晚，历经了起步阶段（1999—2004年）后，自2005年进入发展阶段，研究数量明显增加，实证研究开始受到青睐（文秋芳、任庆梅，2010）。然而，在我国这样一个"英语作为外语"并拥有约三亿英语学习者、一百多万名中小学英语教师的教育情境中，外语教师教育者自身的专业发展问题近年来才开始引起少数学者的关注（邹为诚，2009；Wang，2012；文秋芳、任庆梅，2012）。教师是一个需要不断学习的职业，在课程改革走向纵深并对外语教育有更多更高诉求的当下，教师教育者作为教师的教师，则更是如此。因此，外语教师教育者如何学习、发展了怎样的教育专长等问题激发了笔者本人的"求知热情"和"求知美感"（Polanyi，1958）。

选择外语教师教育者教育专长发展作为研究主题，也源于笔者作为外语教师对自身发展的关切和忧思。社会学大家Mills（2000）指出，研究者须在学术工作中持续地审视个人生活体验。那么，从个人经历看，笔者从非师范类大学英语专业本科毕业，在外企工作近三年，然后在国外获得TESOL专业硕士，但没有任何实习经历。毕业后，在没有实际教学经验的情况下，笔者怀揣着一颗忐忑的心和一份懵懂的自信，开始了自己高校英语教师的职业生涯。笔者作为外语教师的成长基本上是依靠单打独斗地摸索，每学期末会得到学生评估，偶有同伴互助，但入职后几乎没有得到任何形式的专业指导和帮助。因此，常常误入歧途还浑然不自知，要么就是"萝卜烧萝卜"，同样的"平淡无味"重复了很多年。笔者试图摆脱这样日复一日的懵懂和无味，于是选择了继续读博这条"圣贤路"，渴望苏格拉底式的"认识自己"，渴望跳脱"教书匠"的身份，渴望通过从事研究走上"幸福的道路"（苏霍姆林斯基，1984：494）。出于对自身专业发展的关切和困惑，笔者选择了外语教育和教师发展这个研究方向，也希望通过挑战未知来超越原来的自我。一直以来，一些问题困扰着笔者：能够帮助像我这样的一线外语教师的人在哪里？他们是谁？他们能做什么？如何让他们能够帮助到更多的一线外语教师？对这些问题的探求也是笔者对自身成长历程中缺憾的一种弥补。此外，笔者暗自希望自己通过研究外语教师教育者，耳濡目染地成长为他们中的一员，走进外语教师同行的生活空间，倾听他们发自内心的声音，理解他们日常教育实践，分享他们成长的快乐与烦恼。

1.2 研究目的

本研究采用质性研究取向，旨在描述、理解和阐释在多方合作情境中高校外语教师教育者教育专长的发展过程与影响因素，以及其专长表现与作用。具体而言，本研究选择常被置于质性研究这把"大伞"下的案例研究方法，基于对现有研究、观点及理论的整合，通过收集和分析访谈、观察及文本等多种质性研究资料，探究外语教师教育者教育专长的四个维度：（1）在高校外语教师教育者与一线中小学英语教师及区教研员的合作过程中，其教育专长拓展的过程；（2）对该过程产生影响的因素；（3）在该过程中，高校外语教师教育者较稳定的个体专长表现；（4）其教育专长在本研究的教育情境中所发挥的作用。本研究希望通过对以上几个方面进行深入细致的阐述和探索，增进学界对高校外语教师教育者专业发展与实践的了解，也希望能够填补对外语教师教育者教育专长的研究空白。

1.3 研究意义

目前，教师教育领域的学者主要关注两个研究主题：一是本体论研究，即什么是教师专业化或专业发展；二是方法论研究，即如何实现教师专业化或专业发展（朱旭东，2011：2）。就外语教师教育者这个群体的专业发展或教育专长发展而言，这两个研究主题的探究同样也是本质的诉求，前者具有理论价值，后者具有实践意义。本研究力求在探明高校外语教师教育者教育专长内涵的同时，在一定程度上回答这两个本质问题。因此，可从以下两个方面阐明本研究的意义。

（1）理论意义：本研究旨在通过对高校外语教师教育者教育专长的探究，弥补目前在应用语言学领域中针对这一群体研究的不足，提出有关其教育专长的实质性理论，对尚在发展中的专长研究和理论给予印证与支持，或加以补充与完善，甚至是驳斥与修正。

（2）实践价值：本研究在探究高校外语教师教育者专长的基础上，能为外语教师教育者的专业发展及实践提供实证参考。第一，研究可帮助我们更深入地理解高校外语教师教育者的专业表现以及他们获得和发展专长的过程，从而为外语教师教育者的培养提供借鉴。例如，研究中的案例可帮助新手外语教师教育者了解其可能面临的困难和挑战，有助于他们顺利度过职业生存阶段。第二，理解外语教师教育者的教育实践过程可提供衡量教师教育活动成功与否的规范和标准，提供设计教师教育课程的相关信息。此外，本研究还可为今后我国外语教师教育者专业资格或标准的建立、相关政策的制定及其专业培养模式提供参考。

1.4 本书架构

全书共分为八章。第 1 章为导论，介绍选题的缘起和生长点，概述研究背景，在此基础上提出研究的目的和意义，并介绍各章的主要内容。

第 2 章为文献综述：分别从外语教师教育者、专长、课例研究与教师学习等方面评述相关研究的观点、概念、视角、研究方法及研究空白，并分析了这些研究对本研究在理论和方法上的启发。

第 3 章为研究概念框架与研究设计：梳理拓展学习理论的发展脉络和核心思想，据此建构了本研究的概念框架。研究设计部分包括研究问题及关键概念界定、研究方法及其选择理据、研究对象及研究场域的选择、研究资料的收集与分析，以及研究的效度、推论与伦理问题等。

第 4 章和第五章为研究发现：第 4 章分析并诠释高校外语教师教育者专长发展的过程及影响该过程的因素。第 5 章分析并描述在多方合作的教师学习活动中，高校外语教师教育者专长的个体表现和作用。

第 6 章为讨论：通过比照前人的研究发现，讨论了本研究的主要发现，并依据已有的概念框架对高校外语教师教育者的教育专长进行概念重构。

第 7 章为结论：着重阐述研究的主要发现和结论，并提出本研究在理论和实践两方面的创新与贡献，指出本研究的局限性以及对未来研究的设想。

第 8 章为研究者反思：对研究关系、研究者角色以及个人成长进行了回顾和省思。

第 2 章 文献综述

为了框定本研究在庞大学术网络中的位置,并找到适于本研究的概念界定、理论视角与研究取向等,本章将从三个方面进行文献回顾与评述,即外语教师教育者相关研究、专长研究及课例研究与教师学习。

2.1 外语教师教育者研究

有关教师教育者的养成,业内似乎有一个想当然的假设,即优秀教师自然也会成为优秀教师教育者。该先见意味着教师教育者的工作尚未得到足够的认同。Lanier 和 Little(1986)曾提出,教师的教师——他们是怎样的人?他们做什么?他们想什么?——在教师教育研究领域中被整体忽略了,甚至研究者也不太确定他们是谁。因此,本节将通过文献梳理,厘清外语教师教育者的概念,分析并评述现有国内外相关研究的贡献与不足及其对本研究的启示。

2.1.1 "外语教师教育者"概念梳理

从词源学的角度看,"教师教育者"与"教师教育"密切相关。教师教育这一概念于 2001 年首次出现在我国的官方正式文件——国务院颁布的《关于基础教育改革与发展的决定》中,同年,北京师范大学的朱旭东教授首次在我国教育领域提出了"教师教育者"的说法(康晓伟,2012)。自此,"教师教育者"这一概念逐渐进入了我国教育领域的学术话语体系。然而,对于到底"谁是教师教育者"一直以来都没有定论,国内外学者根据各自不同的情境及研究目的对"教师教育者"的界定众说纷纭,莫衷一是。

作者按照编年鉴的形式,呈现了近十余年国内外在通识教育研究中对教师教育者的界定,如表 2-1 所示,并对此进行了归纳和分析。

表 2-1 教师教育者概念纵览

Smith(2003)	教师教育者在高等教育院校工作,其主要任务是培训未来教师
Koster 等(2005)	教师教育者是为学生教师提供专业引领和支持,旨在培养合格教师
Smith(2005)	教师教育者帮助准教师奠定专业知识的基础,并教他们掌握未来能够持续且独立进行专业发展的工具

续表

Murry 和 Male（2005）	教师教育者是二线教师（second-order teacher），即教师的教师，引导学生进入学校教学和教师教育的实践和话语当中
Lunenberg 和 Willemse（2006）	教师教育者是在高等教育院校中作为培训者和研究者，是培养教师的教师
杨玉秀、孙启林（2007）	教师教育者即"教师的教师"，为"教师"提供教育指导的人既包括大学教育机构中负责教育、辅导准教师的指导教师，以及为在职教师提供继续教育的教师，又包括中小学校里协助指导实习教师的合作教师、辅助初任教师顺利度过入职阶段的指导教师等。总之，为职前与职后教师提供教育指导的教师都可谓教师教育者
李学农（2008）	教师教育者是教师专业发展的导师，专注于教师的专业素质发展。在师范大学综合化趋势下，只有在大学专门研究和实施教师教育、培养师范生教育专业素养的教师才是教师教育者
Shagrir（2010）	教师教育者处于教师教育的核心地位，凡是帮助学生教师做好职前准备，并成为教师职业团队中一员的人都可以称为教师教育者。这其中不仅包括参与教育实习、承担教学理论和教学方法课程的教员，还包括参与这个专业准备过程的所有人员。教师教育者需为学生教师提供角色示范和教学示范，同时也必须认同自己作为教师教育者的身份
Ben-Peretz 等（2010）	教师教育者对其学生和其学生的学生具有双重责任。理想的教师教育者有四种心智模型（mental models）：模范教育者（model pedagogue）、反思的自我研究实践者（reflective, self-studying practitioner）、专业身份发展中的合作者（collaborator in developing professional identities）以及自我事业的管理者（career self manager）
Zhu（2010）	教师教育者是在高等教育院校中提供教师教育课程、监管职前教师的教育实习及在职教师的教学实践，并从事教师教育研究的人员。他们具有五个关键角色：教师、学者、学习者、合作者及领导者
王加强（2011）	教师教育者需要扮演"身正令行"的示范者、"使人继志"的激发者和"吾自成也"的联络者的角色
康晓伟（2012）	教师教育者泛指所有旨在培养或培训教师的人员，即教师的教师。既包括基础教育阶段中的教师教育者，也包括中等师范层面和高等教师教育机构中的教师教育者。教师教育者是教师教育知识的生产者、教师专业发展的引领者，以及教师教育文化的推动者

综合以上学者对教师教育者的界定，可见教师教育者的内涵经历了一个从单一到多元的转变过程。较早时期，Smith（2003）对教师教育者的界定仅为高等教育院校的教师培训者。Murry 和 Male（2005）认为，教师教育者有别于学科教师或一线教师（first-order teacher），是教师的教师，是教师专业发展的引导者。Lunenberg 和 Willemse（2006）将教师教育者

定位为培训者和研究者。Shagrir（2010）将教师教育者的概念外延扩展到参与职前教师教育过程的所有人员。Ben-Peretz 等（2010）及 Zhu（2010）的界定不仅包括了教师教育者作为教师的教师以及研究者的特点，更突出了他们作为社会人的多元角色。相比之下，国内学者将教师教育者主要定位为在不同层次教育机构中培养职前和在职教师的教师。此外，王加强（2011）提及了教师教育者的社会角色，如激发者和联络者。

以上学者多是横向剖析了教师教育者的内涵。也有学者，如 Zeichner（2005）纵向讲述了自己从课堂教师（classroom teacher）到指导新手教师的合作教师（cooperating teacher），最后成为高校教师教育者（university-based teacher educator）的经历。换言之，部分教师教育者是从一线学科教师成长起来的，在从事教师教育工作的同时，可能仍保留了原来的学科教学工作。综上所述，教师教育者的内涵主要包括以下四个层面。

（1）作为教师的教师。
（2）作为一线教师，即中小学或高校的学科教师。
（3）作为研究者，即高校的教师教育研究人员。
（4）作为社会人，如学习者、合作者、领导者、管理者及联络者等。

教师教育者内涵的四个层面之间的关系就好像四个集合，它们之间的关系或是包含，或是相互重叠（见图 2-1）。此外，教师教育者内涵的这四个层面的各个角色不是固定的、静态的，在教师教育者个体专业发展过程中，这些角色之间可能发生复杂的、动态的转换。

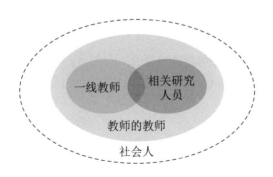

图 2-1　教师教育者的内涵

那么，我们应该如何界定外语学科的教师教育者呢？如前所述，Wright（2009：103）指出，外语教师教育者专业发展处于"上游"位置，为下两个层级——外语教师专业发展和外语教育的专业活动提供了资源，其重要性不容忽视（见表 2-2）。然而，在应用语言学领域，针对外语教师教育者的实证研究和理论建构都较为匮乏。基于上文对通识教育领域教师教育者的界定，本节对外语教师教育者的概念进行归纳和尝试性规约。

表 2-2　外语教师教育领域的专业活动层级

	专业活动	教师角色	学生角色
第三层	外语教师教育者专业发展	语言教师教育者的教育者（TLTEd）	语言教师教育者
第二层	外语教师专业发展	语言教师教育者（LTEd）	职前或在职语言教师
第一层	外语教学	语言教师	语言学习者

在教师教育领域中一直存在对四个名词短语的比较，即教师培训、教师教育、教师发展和教师学习。由此，这样的比较也延伸到对"教师的教师"的不同称呼，如教师培训者、教师教育者、教师发展者等。在二语教育领域中，近年来，学者大多将"二语教师教育（second language teacher education，SLTE）"作为一个涵盖性术语（umbrella term）（如 Burns & Richards，2009；Kumaravadivelu，2012）。因此，相对于较早期的"语言教师培训者（language teacher trainer）"，目前"语言教师教育者（language teacher educator）"这个称谓使用得更为普遍。本研究是在英语作为外语（english as a foreign language，EFL）的情境下进行的，因此，文中将使用"外语教师教育者"这个称谓。并且，在下面的文献综述中也将一律使用"外语教师教育者"来指代英语作为二语（ESL）情境下的教师教育者。

本研究借鉴通识教育中教师教育者内涵的四个层面，对外语教师教育者的内涵也做类似的规约（见图 2-2）：

（1）作为外语教师的教师。

（2）作为外语学科教师。

（3）作为外语教育和教师教育的研究人员。

（4）作为社会人，如学习者、合作者、领导者、管理者及联络者等。

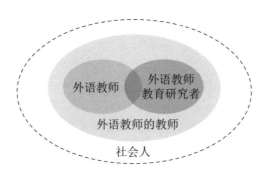

图 2-2　外语教师教育者的概念界定

第一，外语教师教育者最为核心的内涵是外语教师的教师。他们提供外语教师教育课程或培训，促进职前或在职外语教师的专业学习。外语教师教育者与其他教育者有相同的基本职责，即促进学习。但与其他教育者不同的是，教师教育者服务对象的学习内容是教学本身。教师教育如同任何一种形式的教学一样，只有促进了学习者的学习，教育才有可能实现其目标。换言之，没有教师（教育者）可以替代学生（教师）学习；没有教师（教育者），学生（教师）仍然可以学习。因此，作为"外语教师的教师"，外语教师教育者的基本职责就是促进职前或在职教师学习外语教学，其最重要的角色不是外语教师教育的主导者，而是教师学习的促进者。第二，他们中间可能还有人曾经或仍然是一线外语教师。这些外语教师教育者除了自己的学科教学工作外，还负责辅导准教师，协助初任教师或组织在职教师的教研活动，但他们并不一定从事外语教师教育的学术研究工作。因此，他们多数具有丰富的一线教学经验，可能是中小学或地方的外语学科带头人。第三，部分外语教师教育者还从事外语教师教育的研究工作，他们多数就职于高等教育机构。这些外语教师教育者多由获得博士学位的人担任，而其中一些人可能并无许多一线教学实践经验，更侧重于研究工作。第四，外语教师教育者具有社会人的共性。他们可能是谋求自身专业发展的学习者，也可能作为合作者，是外语教育实践共同体中的一员，还可能是师范院校外语学科的领导者，同时，也是自己职业发展的管理者和规划者。图2-2最外圈用了虚线，以示外语教师教育者社会人角色具有拓展性。总之，定义中"外语教师的教师"和"社会人"这两个层面是所有外语教师教育者所共有的，而其他两个层面仅适用于一部分人。如前所述，这四个层面就好像四个集合，或包含，或重叠。并且，这四个层面的角色不是固定的、静态的，在外语教师教育者专业发展的过程中，这些角色之间可能发生转换。

2.1.2　研究回顾

近十年来，国外通识教育领域的学者已逐渐意识到教师教育者对教师教育及其发展的重要性，对教师教育者的研究也日益丰富。一些国家，如荷兰、英国、以色列及美国已然对教师教育者进行了广泛深入的探究。纵观已有研究，我们可发现五大相互关联和交融的研究主题，即教师教育者的专长、成长轨迹、身份认同、实践共同体及自我研究。

第一，对教师教育质量的重视使教师教育者的工作受到了越来越多的关注，尤其是他们所具备的专长值得进行全面、审慎的探究。只有如此，教师教育者角色的意义才能够得到应有的理解和认同。教师教育者面对教与学的复杂性，需具有明晰的、显性的、可应用的专长。通识教育领域对教师教育者专长的研究基本采取了两种视角，即"鸟瞰"和"管窥"。"鸟瞰"即总体、宏观地考察教师教育者所需具备的专业知识、能力、态度和个人特质等。这些规范性研究主要受到标准制定这一现实诉求的影响，呈现了不同社会文化背景下教师教育者专长的宏观图景。Koster 等（2005）运用德尔菲法（Delphi），从教师教育者的能力和任务两个维度建构了荷兰教师教育者专业素质模型。Smith（2005）则基于对各国教师教育者标准的分析，通过对以色列新手教师与教师教育者的开放式问卷调查，揭示了教师教育者不同于教师的专长特征和构成。这些研究的共同特点是综合讨论了不同文化背景对教师教育者所需专长的诉求。而"管窥"研究则聚焦教师教育者在特定教学情境中的实践工作，描述了他们回应具体情境所需的专长，包括如何使用教学原则、提供反馈、促进反思性实践、示范、处理价值观等问题。例如，Loughran 和 Berry（2005）探究了他们自己作为教师教育者如何在课堂上为学生教师提供显性示范（explicit modeling），以促进教师学习。Willemse 等（2005）考察了教师教育者如何对学生教师进行道德价值观的教育。"管窥"视角下的描述性或探索性研究，对教师教育者实践的某一方面进行了细致生动的描述和分析，探究了其在具体情境中彰显的专长。

第二，研究者使用"旅程"这个隐喻来探究不同成长阶段的教师教育者发展轨迹。其中，较多研究聚焦了新手教师教育者，如 Boyd 和 Harris（2010）揭示了他们从专家教师到新手教育教育者的身份转变过程。Velzen 等（2010）以新手教师教育者入职阶段的活动和需求为切入点，探讨了他们的入职过程。此外，研究者还描述了经验型教师教育者通过自我研究和写作谋求发展的过程，如 Shteiman 等（2010）以叙事方式描述了教师教育者历经了"写作之旅"后在认知、情感和实践上的专业成长。"旅程"的隐喻揭示了教师教育者在专业发展过程中跋涉的艰辛和收获的喜悦。

第三，教师教育者专业身份的形成与转变也是一个贯穿许多研究的主题。其中，一些研究关注了教师教育者从教师到教育者的身份转变，如 Boyd 和 Harris（2010）探究了新手教师教育者如何建构新的专业身份并实现从中小学教师到高校教育者的身份过渡。还有一些研究关注了教师教育者的研究者身份发展，如 McGregor 等（2010）通过民族志方法探究了正在攻读博士学位的教师教育者在参与研究方法课程时研究者身份的建构及研究观的变化。

第四,"共同体"是另一个不断涌现的主题。有研究介绍了由教师教育者组成的团队共同学习和发展的成果(Barak et al., 2010),有的探讨了教师教育者和研究者的合作(Griffiths et al., 2010),还有的聚焦了教师教育者和教师的合作和共同发展(Jasman, 2010)。这些"共同体"一些是自发的、非机构化的合作,而另一些则属于正式的、机构化的合作。后者最为突出的范例就是以色列致力于教师教育者发展的 MOFET 学院,该学院为各国教师教育者的培养工作做出了示范。

第五,自我研究也是突出的主题之一。20 世纪 90 年代,西方教育界兴起了一场学术运动——自我研究。这场运动由教师教育者发起,旨在改变传统的教师教育方式,采用自传、反思性实践、行动研究等方式,在实践中体验、交流、传播理论。此运动突破了传统的理论与实践的二元对立,是教师专业发展范式革命的延续,为教师教育提供了新的实践思路(吕立杰、刘静炎,2010)。自我研究兴起的同时,也让教师教育者这个几乎被遗忘的群体开始得到关注。美国教育研究协会(AERA)还成立了教师教育实践的自我研究兴趣小组(S-STEP),其公开发表的教师教育者自我研究的数量在相关研究中占据相当大的比例,如 Williams 和 Ritter(2010)探究了自己从教师到教师教育者的专业学习和身份建构过程,以及这两者之间的联系。

国内研究主要关注了三方面,即教师教育者身份角色、教育实践活动及对国外相关研究成果的述评。首先,就教师教育者的身份角色,朱旭东(2004)呼吁,应确立教师教育者专业身份地位,以建立理论与实践的平衡。龙宝新(2009)提出,应为教师教育者正名,让教师教育者回归其辅助、加速、引领教师专业发展的本色。王加强(2011)分析了教师教育者多重角色的内涵、依据和实现方式。杨跃(2011)分析了教师教育者身份认同危机的现象和成因,呼吁需重视认同的力量。其次,就教师教育者在教育实践中的问题,赖学军、尤冰虹(2004)指出了他们在教学中存在严重的"普教化"倾向。杨玉东(2010b)谈及在职教师培训中教师教育者具有的显著问题,并探讨了教师教育理论与实践的转化。此外,李纯、李森(2012)讨论了在高中新课程改革背景下教师教育者的教学改进,并认为教师教育者在教学中至少应做到缩短理论和实践的差距,培养师范生的反思能力,重视行动。最后,一些学者还评述了国外在此领域中的研究成果。杨玉秀、孙启林(2007)从教师教育者的角色、压力与挑战、知能及专业标准等方面梳理了西方的研究成果。李玲、邓晓君(2010)回顾了荷兰等国家教师教育者工作标准的制定背景及其发展历程,分析了其内容、功能及启示。

目前，与有关外语学习者和外语教师的大量研究文献相比，有关外语教师教育者的文献可谓寥寥。早期国外学者的探究多为理论思辨或经验引介，近十年才出现了实证研究。鉴于此，本章将国外外语教师教育者相关文献分为非实证与实证研究两类。

非实证研究文献主要有三方面的内容：早期的外语教师教育者培训活动、外语教师教育者专业实践经验引介及外语教师教育者专业发展内容框架。

首先，一些研究者记录了早期的外语教师教育者培训项目，他们基于切身经历，描述或评价了各自在国外培训外语教师教育者的活动和经验（如 Edge，1985；Bamber，1987；Tomlinson，1988；Bax，2002 等）。根据 Wright（2009）所言，最早对外语教师教育者的正式培训源于 20 世纪 70 年代英国私立语言教育机构中的教师教育以及英国对发展中国家语言教育的援助项目。其中，交际教学法给当时的语言教育带来了迅猛的本质变革，随之出现了交际教学法教师培训群体，这个群体同时承担着教师和教育者的双重角色。对培训者群体的培训标志着语言教师教育者专业发展领域的开端，且培训多采取了广泛的级联传播模型（a cascade model of dissemination）。

其次，从 20 世纪 80 年代后期开始，一系列有关外语教师教育的书籍和文章的出现为外语教师教育者的专业实践提供了参考。其中的先行者是 Doff（1988）的"Teach English"一书。在书里随附的语言教师教育者手册中，Doff 讨论了语言教师教育应有的指导原则等，后被称为语言教师教育者专业发展内隐课程（implicit curriculum）（Wright，2009）。此外，一些期刊文章也分享了外语教师教育者的实践经验，例如，Gebhard（1984）提出了语言教师教育者在教师培训中使用的五种具体指导模式，包括指令式、选择式、合作化、非指令式及创造性模式；Bailey 等（1998）强调了语言教师教育者定期举行合作交流活动（Language Teacher Educators Collaborative—LTEC）的价值；DelliCarpini（2009）介绍了外语教师教育者在教学法课程中如何融入合作学习活动，以促进教师对合作学习理论的理解及实践应用能力的提升。这些主要受众为外语教师教育者的指导文献突出了当时外语教师教育的范式、方法和技巧。然而，首个明确提出外语教师教育者专业发展概念的是 McGrath（1997）。他编写的《Learning to Train: Perspectives on the Development of Language Teacher Educators》一书涵盖了外语教师教育者培训课程的设计和评估、专业发展过程、方法论及案例分析等。此后，Malderez 和 Bodoczky（1999）、Hayes（2004）、

Bailey（2006）、Malderez 和 Wedell（2007）等在此基础上延续了对外语教师教育者专业发展的讨论。其中，一些研究者（如 Wright & Bolith，2007）使用了"培训者发展"（trainer development）一词来指代较为正式的外语教师教育者发展途径及过程。

最后，语言教师教育者专业发展内容逐渐明晰。一些学者从应然的视角讨论了外语教师教育者专业发展的内容框架。Burns（1994）提出了涵盖知识、技能和意识（KSA）的三维外语教师教育者发展内容框架。Bax（1997）从语言教师教育课程设置、授课方式、氛围、挑战及其来源、授课内容以及评价等方面，总结了具有情境敏感性（context-sensitive）的语言教师教育者所应承担的12种角色。Thomas 和 Wright（1999）提出了发展外语教师教育者的"过程能力（process competence）"，认为他们需要在"过程管理、小组创建和组织，以及实施变革"等三个方面发展知识、技能和意识。Waters 和 Vilches（2003）还提出了"实训室技能（training room skills）"可作为语言教师教育者培训课程的内容。Waters（2005）提出，外语教师教育者需要特殊的专长，该专长包括教师学习环境、心理和学习过程的相关知识，以及将这些知识转变为教师学习机会的实践技能。Edge（2011）在其专著中提出了名为"存在（being）"和"实践（doing）"两个层面的外语教师教育者发展内容框架。"存在"包括五个维度，即有方法的、有技巧的、有理论的、有学识的和实用的；"实践"涵盖五个参数，即复制、应用、理论化、反思和行动。

在实证研究方面，国外研究者主要探究了外语教师教育者个体专业发展的轨迹和方式及其专业角色和素养等。第一，针对其专业发展轨迹，Lubelska 和 Robbins（1999）从认知、情感和专业的角度探究了其从语言教师到教师教育者转型过程中的变化。Johnson（2000）通过自我研究，探究了在硕士生英语教学法课程中的对话特征，从而反思了作为外语教师教育者的自身专业发展。Vilches（2003）也描述了自身从语言教师到教师教育者的转型过程，并建构了语言教师教育者培训项目的体验学习模式。Hayes（2005）通过访谈探究了三位斯里兰卡外语教师教育者的生活史，从而揭示了他们在其特殊社会背景下的专业发展轨迹及专业信念。Moncada 和 Ospina（2005）通过调研发现，哥伦比亚外语教师教育者主要通过教授高级课程、做研究、参与国际会议、进行反思性实践、制定自主发展规划及参与外语教师教育者共同体等手段促进自我专业成长。He（2009）探究了在实践共同体中高校外语教师教育者与中学英语教师的合作。第二，针对外语教师教育者的专业角色与素养，哥伦比亚学者

Moncada 和 Ortiz（2003）通过焦点团体法和问卷调查法探讨了外语教师教育者的理想特征和角色，结果发现，理想的外语教师教育者应具备本土知识、教学经验、外语技能和研究经验。Walker（2007）通过自我研究，省察了在课堂学习研究（learning study）中自身作为外语教师教育者的角色与责任。此外，Norton 和 Early（2011）通过叙事研究探讨了在国际合作研究项目中高校研究者和教师间的关系以及研究者的身份认同，结果发现，研究者作为教师教育者的身份最为突出。Izadinia（2012）探究了外语教师教育者对学生教师的示范作用，并发现前者的观念和实践会对后者的外语教学观及自我认同产生趋同效应。

我国也有几位学者在文章或研究中关注了外语教师教育者。例如，彭伟强等（2008）在一篇有关我国外语教育研究的综述文章中提到，一些重要领域还未开展研究，一些关键问题还未得到关注，外语教师教育者资格问题就是其中之一。邹为诚（2009：7）通过对 11 所师范院校外语专业的深入调查发现，"教师教育者专业水准低，师资质量良莠不齐"是导致我国基础教育阶段外语教师出现质量问题的原因之一，一些教师教育者缺少专业素养，具体表现在：缺乏教师教育者观念；对外语教师教育专业存在学术偏见；不知如何解决某些相关学科教学和教师教育之间的冲突；对教师教育者需要具备的专业知识以及学习者的语言能力和认知能力发展不了解。因此，他呼吁教师教育者不仅要懂得学习者外语能力的发展规律，还要懂得外语教师能力的发展规律，更要懂得如何在实践中应用规律，这才是合格的外语教师教育者应有的职业素养。文秋芳和任庆梅（2012）在创建高校外语教学研究者和教师之间的互动发展新模式的过程中，也关注了教育研究者的自身成长。她们发现，研究者通过与一线教师在情感和认知上的互动，增强了与教师的人际沟通能力及理论联系实践的能力。她们还认为，外语教学研究者必须做中学、行中思、不断实践、不断提高，闭门读书、闭门思过、纸上谈兵都无济于事。他们强调，在教师教育过程中绝不能忽视教育研究者自身的专业成长。Wang（2012）在我国首届英语教师教育峰会的主旨发言中，从"自我"和"他者"的两个视角探究了外语教师教育者所需的知识基础和发展路径。通过自我反思和叙事方式，回顾了自己从新手外语教师到外语教师教育专家的发展历程及身份转变，并通过访谈其他七位外语教师教育者，探究了他们对教师教育者知识基础所持的观点，对比了其教师观和教师教育者观，描述了其发展路径。她总结到：外语教师教育者的专业知识有多个复杂层面；优秀外语教师教育者的知识和专长有待进一步的外显，以增进学界对这一职业的了解；外语教师教育者的专业地位需要被深入系统的研究，并建立相关专业标准，以获得社会认可。

2.1.3 研究评价

目前，国外通识教育领域的学者已对教师教育者进行了深入、系统的研究，且研究主题丰富，包括教师教育者的专长、成长历程、身份认同、实践共同体和自我研究等。在这些学者中，有高校教育理论研究者，也有实践中的教师教育者，他们形成了较为成熟的共同学术话语体系。研究对象包括不同发展阶段的教师教育者，有新手教师教育者、有较有经验的教师教育者、还有教师教育者的教育者。研究方法也较为多样，如案例研究、民族志研究、叙事探究、隐喻分析及问卷调查和文献法等。总体而言，近十年来，国外对教师教育者的研究有朝纵深发展之势。和国外研究相比，国内研究存在明显不足。首先，国内研究者尚未形成探究共同体，缺少沟通与合作，未达成共识，研究数量较少。其次，从研究内容看，国内研究多是基于对国外研究的梳理和总结，更多强调对教师教育者的诉求，而对其专业发展过程、实践行为、身份认同、需求和挑战等实然问题研究不够。再次，就研究方法而言，国内研究以文献评述和理论思辨为主，尚缺少深入细致的质性研究和较具规模的量化研究。最后，就研究成果而言，在国内研究中呼吁式的提倡多于基于实证研究的启示和建议，坐而论道，论多证少，难以产生教育生产力。然而，尽管存在着不足，现有研究仍有助于读者形成对相关研究领域的初步了解，也为进一步的探索奠定了基础。尤其是对通识教育领域相关研究的梳理，能够帮助本研究明确需填补的研究空白，即已有研究多将各个学科的教师教育者作为整体探究形象，而对某特定学科的教师教育者缺乏关注。

较之通识教育领域，外语教育领域的学者对教师教育者的了解远远不够，且早期的探究多为经验引介，近十年才出现了少量实证研究。我国对外语教师教育者这个群体的了解更缺少一个清晰全面的图景，有许多问题值得追问。例如，外语教师教育者日常都有哪些实践工作？如何跨越理论和实践之间的鸿沟？如何与外语职前或在职教师沟通？如何为教师提供示范？如何穿越不同层次的教育机构？面临怎样的挑战和困难？如何获取和发展他们的知识和技能？如何形成和看待自己的专业身份？需要怎样的教育价值观和信念？形成目前这些局面背后的原因是什么？特别值得关注的是，通识教育领域的学者对教师教育者的专长已有一定探讨，但在外语教育领域中针对教师教育者的专长还缺乏实证研究。由此，本研究聚焦于我国外语教师教育者的教育专长发展。

2.2 专长研究

在每个专业领域中，都有一群表现出色的人，被人们尊称为专家。他们所具有的特殊才能在英文中被称作 expertise。从英语词源学的角度看，expertise 源于 expert。后者源于拉丁语中 experiri 的过去分词 expertus，意思是"尝试"，与英语的 experience（经验）同源。通俗地理解，专家即为作过尝试、具有丰富经验的人。然而，一些学者认为，经验仅是 expertise 的必要条件，而非充分条件（Woods，1996；Ericsson，2002）。显然，这是两种迥然相异的专长观。此外，国内学者对 expertise 的翻译也莫衷一是，或为"卓越"，或为"专长"，或为"专家知能"。相比之下，"卓越"略显含糊，而"专家知能"将其内涵囿于知识和能力。因此，本研究中将采用"专长"这一更为常用，也更能体现 expertise 丰富内涵的译名。本节首先基于各个领域关于专长的研究成果，厘清教育中专长观的衍变，然后概述专长实证研究的研究取向，最后在综合评述现有研究的基础上提出其给予本研究的启示。

2.2.1 专长观的衍变

（1）专长状态观、原型观与过程观

专长研究最早始于国际象棋比赛（de Groot，1965），并于 20 世纪七八十年代在法律、医学、物理学、航空学、放射学等领域兴起，现已扩展到了动作技能等领域，如表演、舞蹈、音乐欣赏。与其他专业领域一样，教育领域对专长的研究始于研究者对专家型教师特殊知识形式及其完成任务时认知过程的内在兴趣和好奇心。研究的最初动机还包括提升教师专业地位的内在诉求（Berliner，1992）。研究者试图通过研究向世人彰显：教师的专业性并不输于其他领域，专家型教师同样具有复杂而微妙的知识和技能。此外，研究发现还有助于设置专业标准及设定业内人士应该追求的目标（Berliner，2001；Sternberg & Hovrath，1995）。

早期研究认为，专长是专家经过多年实践经验获取的一种"状态"（Tsui，2003）。采取这种状态观的学者在对专长本质的理解上有着明显差异，主要有两种观点。一些研究者受到认知心理学人工智能研究的影响，将专长看作是精确的、高度有组织的、可回溯的知识基础（如 Chase &

Simon，1973；Glaser & Chi，1988）。其具体表现是，专家能迅速地辨认规律，更深刻和理性地领会和描述问题，他们具有超强的记忆力、自我监控能力和元认知技能。专长需历经数千小时的练习获得。另一些研究者受到 Dreyfus 和 Dreyfus（1986）的影响，采取了一种反理性主义的观点，认为专长的核心不是"知道什么（knowing that）"，而是"知道如何做（knowing how）"（Ryle，1949），即知识蕴含在行为当中，知识和行为应被视为一体。换言之，专长是内嵌于专家行为的知识，具有高度的情境性、直觉性、缄默性和自动性。专家表现是一种本能和直觉，专家行为是自动的、不需思索的，但经验也是专长生成的关键。

对比这两种状态观，我们可发现二者都赞同经验和练习对专长形成的重要性，并认为专家行为具有自动性和非反身性。它们的不同之处在于，前者认为专长是存在于行为之外的、可被检索或运用的、组织良好且复杂的命题性知识；而后者认为专长是专家的"知行合一"，是依附于情境的、缄默的程序性知识。此外，持这两种专长状态观的研究者都通过比较专家型教师和新手教师在专业表现中的差异，描述专家在教学行动前和行动中有别于他者的显著特征。

Sternberg 和 Horvath（1995）提出了教师专长的原型观（a prototype view）。他们试图寻找一种中间立场，使该立场介于对专长作严格定义和对专长特征进行描述之间。其论点前提是所有专家都符合或都不符合严格定义的标准是不存在的。确切地说，专家型教师彼此间表现出一定的家族相似性（family resemblance），正是该相似性构成了专家这一自然类属（category）。其中，原型代表了这一类属中所有成员特征的中心趋势（central tendency），体现了此类属的典型样式。

以原型为中心的类属有三个特征。其一，即使类属成员的典型性相当，他们之间的相似性不一定高。例如，假定小提琴为乐器原型，那么喇叭可以在大小上与原型相似，而大提琴可以在材料上与原型相似。喇叭和大提琴作为乐器的典型性相当，但它们之间的相似性却不高。由此，那些具有丰富和高度组织化内容知识的教师可被视为专家，而对课堂问题给出明智解决方案的教师也可被视为专家。其二，原型的不同特征有不同的加权（weighting）。例如，在将一个物体归为乐器这一类属时，对其发出声音的特征加权要远远大于对其颜色的加权。其三，构成类属原型的特征具有相互关联的倾向，以及用少量要素或结构来描述一个类属的可能性。例如，带有簧片的乐器同时也总是木质的。就专长而言，专家型教师原型的许多方面可以还原为少数内在的中心趋势和能力。

Sternberg 和 Horvath（1995）还基于以往的心理学研究，从知识、效率及洞察力这三方面整合了专家型教师的相似性，并建构了专长的特征和构成模型。第一个方面是，在专家擅长的领域内，他们比新手能更有效地运用知识，包括学科知识、教学知识和实践性（外显和内隐）知识，且这些知识具有丰富性、综合性及在大脑中已高度组织化等特性。第二个方面是关于解决问题的效率。在专业领域中，专家与新手相比能在较短的时间内完成更多工作，表现更具高效性、自动化和轻捷性。工作效率包括教师教学技能的认知自动化、执行监控及认知资源再投入的速度。第三个方面是洞察力。专家与新手相比更倾向于找到新颖、适切的问题解决方案。洞察力包括选择性编码、联合及比较能力。专家洞察力使他们更容易注意到问题所在，并能重新建构问题的表征。以上这三方面构成了 Sternberg 和 Horvath（1995）对专家型教师原型特征的推测模型。总之，他们认为，专长可被视为一个以专家型教师相似性为基础的类属，而非一套充要的专家特征，其原型可作为此类属的总表征（summary representation）。因此，专家型教师并不需要同时满足以上所有三个方面特征。

原型观促进了人们对专长的理解，认可了专长特征的多样性和分布性，在一定程度上解释了先前研究发现中专家表现的矛盾由来，并基于已有研究成果整合了专长的特征和构成，这种整合对人们理解专长表现十分有益。然而，原型观仍旧未能摆脱视专长为一种专业表现"状态"的观点，未能增加人们对专长的生成和发展机制的了解，未能为揭示专长的本质提供新的洞见。

自 20 世纪 80 年代以来，研究者开始反省对专长的传统界定，并且意识到之前一般性的特征研究并不能充分地解释专家的表现，而且专家观点之间也存在着明显差异。例如，Bereiter 和 Scardamalia（1993）基于写作研究发现，在状态观指导下的专家—新手研究中高效、自动化和"不费吹灰之力"的专家表现不同，专家型作家需花费比新手更多的时间和精力才能有上乘之作。同样，Wineburg（1998）发现，新手历史研究者往往急于对问题下结论，而专家往往质疑自己对问题的理解，不会轻易下结论。因此，Bereiter 和 Scardamalia（1993）提出了专长动态过程论，认为与其将专长看作是一种结果，不如看作是一个不断螺旋发展的过程。被视为"状态"的专长总是与一系列刻板印象联系在一起，例如，知识、技能、学历、经验、精英、理性主义、客观真理等。破除这些刻板印象，并把专长理解为过程，可为学校培养未来的专家开启新的可能方式。

Bereiter和Scardamalia(1993)还提出，心理资源的再投入(reinvestment)和跟进式(progressive)的问题解决方式构成了专长发展过程的关键机制。第一，将认知资源投向建构更为适切的问题解决方式，是专家区别于非专家的过人之处。显然，他们将认知投放功能置于其理论模型的核心地位。专家可用多种方式投放认知资源以发展专长，例如，投入学习活动、寻找更难的问题，或呈现当前问题更复杂的表征，以不断掌握问题的复杂性等。有别于一般人简化问题的方式，专家往往会在更高、更复杂的水平上处理问题，在自己的知识和能力极限持续工作。换言之，专家能够知晓哪里需要简化问题、哪个需要跟进。第二，当参与新颖、具有挑战性的任务时，专家和非专家表现出不同的学习方式。非专家一般只追求新信息和原有知识的吻合，对当前问题的处理方式使他们仅能得到最小的学习和成长机会。而专家往往通过跟进式的问题解决方式，不断建构更为全面的知识，以扩展现有能力，克服原有局限。他们处理问题的方式常常令其学习和成长的机会最大化。

总之，Bereiter和Scardamalia（1993）将专长发展理解为一个追求卓越的动态过程，进而假设了如何获取专长的两个相互关联的方面：第一，专家能意识到跟进式问题解决过程中有价值的知识；第二，他们在此过程中能采取更为冒险的方式，在能力上限工作，作出有意识的努力，并能最终取得突破性进展。通过这样的方式，专家能进一步建构有价值的新知，促使专长呈螺旋式发展。Bereiter和Scardamalia（1993）的过程论超越了传统专长研究持有的状态观，丰富了专长的内涵，并揭示了专长动态发展的规律，从本质上开拓了专长研究的新路径。

然而，专长观的差异导致了截然相反的研究发现。状态观指导下的研究发现，专长以轻捷性、自动化、非反身性、流畅性、高效性为特征；而过程观宣称，专长意味着长期艰辛努力、不断反思、刻意思考、质疑没有问题的问题、积极回应情境、最大限度拓展能力发展机会等。Wineburg（1998）认为，这两种专长意象并不矛盾，只是体现了专长不同的两面。专家面对他们熟悉领域的问题时，表现出自动化、流畅性和轻捷性；当他们面对陌生领域的问题时，其专长表现出对新情境的适应性，且能在更深层次上坚持不懈地解决问题。前者被称之为常规的（routine）、固化的（crystallized）或特定的（specific）专长；而后者被认为是适应性的（adaptive）、流动的（fluid）或普遍的（generic）专长（Berliner，2001；Hatano & Inagaki，1986）。Tsui（2003）则认为，造成以上这两种不同研究发现的原因有二。第一，有些领域的专长（如驾驶）本身涉及的技能就以自动化、直觉性和非反身性为特征,但并非所有领域的专长都如此。例如,在复杂的教学工作中单凭技能是远远不足以解决问题的。第二,持专长"状态"观的研究者实质上聚焦的是专家的专业表现而非专长。她认为,专家表现是经过多年的经验和长期的实践操练而获得的状态,而专长是协调或支持专家获取专家表现状态的一个持续不断的过程。

(2)垂直专长观与水平专长观

有一些研究者从方向性(directionality)视角讨论了专长的内涵(如 Engeström, Engeström & Karkkainen, 1995)。他们认为,人们对专长的常规理解基本上都是纵向的、层级的。传统意义上的垂直专长(vertical expertise)是指某一专业领域的知识技能的发展。即假定有一个刚性的、具有普遍性的知识技能等级系统,并用"阶段"和"水平"来描述特定领域的知识和技能。这种垂直观构造了一个归一的、独白式的专家形象。Hoffman(1998,转引自 Chi, 2006:22)按照精熟程度划分了一个细致而排练有序的专业级别,就是这种专长观的代表(见表2-3)。

表2-3 专业精熟程度的级别

无知者	对某领域一无所知
新手	新的成员,对某领域的接触有限
初学者	新手经过启动仪式,开始导入性学习
学徒	接受更高水平的教学项目。传统上,学徒通过伴随、协助更高水平的人浸润在该领域中。学徒期长短视领域而定
熟手	根据要求自行完成日常工作,是一个有经验的、可靠的、达到一定胜任力水平的人。虽具有较高的动机水平,但可能终生都停留在这一熟练程度上
专家	杰出的熟手,被同行高度认可,具有非常准确、可靠的判断力,表现出完美的技能和认知努力的经济性,能够有效地处理特定类型的难题,同时还能从各子领域的拓展性经验中获得特有的技能或知识
大师	专家中的精英,他们的经验决定了领域的规则、标准或理想。另外,还可能被其他专家认为是真正的专家

自20世纪90年代以来,学者对专长的探究开始转向追踪研究,尝试将实验室研究扩展到复杂的真实环境中,以关注专长的获得以及实践对知识和技能的影响。同时,对专长的研究从重视单一个体的认知过程开始转向注重团体合作性工作中的集体决策过程。作为这一研究趋向的代表人物,Engeström等(1995)提出了水平专长(horizontal expertise),以区别于垂直专长。前者强调在多元活动境脉(poly-contextuality)中游走,以及互换和融合各领域专长的决心和能力。在他们看来,专长的垂直维度固然

重要，但水平维度在高度分工的现代社会里日益显现了其价值。在工作中，专家需要参与多个平行领域的活动。这些多元活动境脉往往要求提供多种相互补充或冲突的工具、规则和社会互动模式。在不同领域中，专家的知识和技能有所差异。一旦涉及这种差异，专家就进入了自己不熟悉的领域，在某种程度上也是自己能力达不到的领域。因此，专家面临挑战，需要通过协商、融合或互换不同领域的要素来解决问题。总之，从纵向发展的维度讨论专长的重要性毋庸置疑，但当需要以协商、合作及对话的方式解决问题时，垂直的专家—新手关系中独白式的专长观往往捉襟见肘。

Engeström（2003：3）将水平专长定义为"逐步发展的、二维的、协商和交融（hybridization）的过程"。第一步通常是专业人士使用各自工作场域的日常话语来检验权威或"科学"概念的过程。这一步是垂直的，是科学概念下移、日常概念上移的过程。第二步是水平的，即专业人士通过合作建构混合概念，并将其融入共同创造的工具当中。此后，他们需要通过协商来解决在使用这些新概念和新工具的过程中出现的新矛盾。在当今信息高速传输和知识生产全球化的时代，跨情境的多组织合作是必要的，但也充满了挑战。因此，专业人士在合作中需持有共同的基本目标，如改善病患的健康状况或新产品的成功推出等。但是不同的工作情境提供或要求迥异甚至相互冲突的认知工具、规则和互动模式。共同目标的达成要求专业人士跨越组织的界限，将源于不同情境的资源、规则和价值观汇成崭新的混合方案。当来自不同领域的专业人士通过合作重新组合关系及协调工作，丰富并拓展现有实践时，水平专长便在这个跨越界限（boundary crossing）的过程中生成。显然，多元活动境脉和跨越界限是与水平专长相关的两个关键因素。

然而，垂直专长和水平专长之间并非进阶关系，不是说只有在垂直专长的基础上才能发展水平专长，后者并非前者的更高级别。确切地说，两者是不同类型的专长，可以把专长看作是一个连续系统，垂直专长和水平专长分别位其两端（Tozer et al., 2007）。或者，两者可被看作是部分重叠的两个圆。水平专长拥有某些和垂直专长共同的特征，如知识、效率和洞察力等，但还拥有垂直专长所不具备的其他特征，如深刻的概念性理解、在新情境中的学习倾向和适应性改变以及元认知等（王美，2010）。此外，传统的垂直专长研究大多解释的是典型认知任务中的静态专家表现，关注标准化条件下专长的重复再现。但水平专长更强调从动态发展的角度来研究专长，这与前一小节提及的专长过程观有异曲同工之处，都更加关注已有专长在新情境中的拓展和变化。所以，从传统的垂直专长研究到近来的水平专长研究的转化，也表现出研究者的专长观从静态到动态的衍变。

2.2.2 研究取向

对专长的探究主要有两大研究取向：认知心理学研究取向和自然主义研究取向。这两类取向也体现了研究者不同的专长观。

（1）认知心理学研究取向

许多研究采用了认知心理学信息处理的研究取向，旨在通过对人工智能的研究让电脑模仿人脑工作，其研究领域主要集中在象棋和物理问题的解决。这种取向认为，专家的知识是精密的和高度有组织的，具有很完善的检索体系，并且专家的自我监控和元认知技能使其能迅速而轻松地识别显著模式，追溯信息，解决问题。许多采用这种取向的教师研究在实验室内进行，要求专家和新手完成同样的认知任务，再根据信息加工理论对他们作差别比较，如对专家和新手在进行专业活动时的思维过程进行对比研究，从而得出专家大脑思维特征与一般人不同的结论。这种专家—新手比较研究方法在教学专长研究中举足轻重，尤其是对揭示教学专长的表现特征特别有效。

然而，此类研究也存在一些局限。第一，任务的选择是专长实验研究中需要解决的问题之一，既要能模拟现实生活的情境，同时又要能控制相关变量。Bereiter 和 Scardamalia（1993）认为，在新手—专家的比较研究中普遍存在的问题就是实验认知。在这类研究中，研究者通常让新手和专家完成相同的任务。这些任务对新手来说必须足够简单，但过于简单的任务又无法考验专家的能力。反之，如果任务富于挑战而让新手无法胜任，其与专家的比较则无法进行。因此，研究者须设计出能同时考验新手和专家的实验情境。第二，此类比较研究描绘的是静态差别，展示了专家的独特行为景象，但无法提供专长生成和发展的过程细节。此外，Ericsson 和 Smith（1991）认为，这些研究仅让研究对象完成有限的几个认知任务，是无法真正揭示"个体稳定的特征"的。

（2）自然主义研究取向

此类研究采取了自然主义的研究取向。采取这种范式的研究须在自然情境中进行，需对研究对象的"生活世界"以及社会组织的日常运作进行考察。自然探究的传统要求研究者注重社会现象的整体性和关联性（陈向明，2000：10）。这种范式的具体方法是聚焦少数几个研究对象来收集资料，通过直接观察、访谈或叙事的方式探究教师的课堂行为。较之实证主义所彰炳的量化研究，自然主义取向的研究能够为复杂微妙的社会现实提供丰富、生动、细致、深入的描述，并且能够公正地处理真实社会的嵌入性和情境性。此外，在此类研究中，研究者提供的丰富资料也为读者提供了重新诠释案例的可能。

为数不多的研究者采用了该研究取向，并运用质性案例研究方法深入探究了教师的工作与生活。他们发现教师专长与其工作及个人经历的具体情境密切相关，除了具有个体性特征外，还具有实践性和情境性（Bullough & Baughman，1995；Tsui，2003）。其中，Tsui（2003）的研究还提供了一个教学专长研究的范例。她通过观察、访谈、收集课程材料和学生作业，探究了在同所学校、处于不同专长发展阶段的四位英语教师的经历。她使用案例研究是因为教师专长与其工作场所的关系是辩证的。换言之，只有通过探究教师如何回应工作情境才能理解教师专长；反之，教师在该过程中发展出的专长也塑造着工作情境。

纵观教育领域专长研究方法的衍变历史，不难看出其间蕴藏的趋势。第一，量化研究较多，质性研究偏少。量化研究固然可以揭示变量间精密而细微的关系，但教育的复杂性和多变性使其间的诸多关系和现象多呈现出不稳定态势，故未来研究可多采用质性研究方法，以深入描述和阐释专长现象。第二，研究重视心理的分析，而轻视社会、文化的探讨。虽然加强认知心理的研究，能够有效揭示专家思维的内容和内在机制，但无法呈现专长所承载的浓厚的社会与文化意涵。所以，未来研究应更多地关注专长的社会属性。

此外，教育领域的专长研究面临着一个明显的难题，就是专家教师和新手教师的辨识方法。一些研究者（Leinhardt，1990；Bereiter & Scardamalia，1993）指出，辨识专家教师比辨识其他领域的专家困难得多，主要是因为教学是一种情境化的活动，很难有一套适用于所有情境和文化的客观标准。因此，多数研究使用了外部或社会标准，也有的使用了主观标准。

第一个也是最为广泛适用的标准是教龄。这样的标准倚重从业的时间长度，通常要求五年以上。也有研究仅以教龄作为唯一标准，以致经验型教师和专家型教师在研究中完全未被加以区分。有研究者认为，将经验和专长画等号是不妥的（Ericsson，2002），没有从业经验，专长无从谈起。然而，有经验的教师可能满足于现状，并未追求卓越。

第二个最常用的标准是相关人士的提名或推荐，包括学校领导、教学奖励机构、同行和学生等（Swanson et al., 1990；Turner-Blisset, 2001）。有研究还通过研究团队的筛选提名名单来确定最终人选（Sabers et al., 1991）。这些相关人士的选拔标准的效度非常关键，但多数研究并未对其标准进行说明。此外，一些研究中教学竞赛的评委也不是从事相关学科教学的专业人士。然而，专长的研究似乎无法完全不参照这样的外部或社会标准。

第三个越来越受重视的标准是学生分数。这个标准的依据是，分数是相对客观的，学生学习成果是教师教学效果的彰显。Leinhardt 和 Greeno（1986）在研究中就选择了连续三年学生成绩名列前 15% 的教师。然而，这个标准实质上认可了这样一个先见，即教师专长和学生之间的表现呈线性因果关系。学生的成绩往往受到一系列其他因素的影响，如其社会经济地位、同伴影响及学校环境等。此外，学生成绩的评测工具是否能准确地反映教师的教学质量也很关键。有研究显示，专家型教师和普通教师在其专业表现上存在明显不同，但其学生的书面成绩并无明显差异（Bond et al., 2000）。换言之，仅仅以学生成绩作为辨识专家型教师的标准是不可行的。

确立选拔专家型教师标准的困难还体现在文化的差异上。不同文化下的专家观也存在明显差异。例如，在日本的文化传统中，专家型教师须对学生有巨大的感情投入，要与学生建立良好的人际关系（Shimahara & Sakai, 1995: 169）。而在中国，专家型教师除了要对学生投入感情，还须对学科本身具有极大的兴趣和热情（吴一安、周燕等，2008）。鉴于这些差异，世界至今还无法明确统一的、被广泛认可的标准。Tsui（2005）曾质疑建立这样标准的可能性，但是她认为这一问题并不能削弱专长研究的意义。通常，研究者会基于研究目的和情境，权衡并综合使用以上提及的各种标准。

2.2.3　研究评价

经过半个多世纪的积累，专长研究已初步揭示出人类高级认知能力的本质及其发展规律。而该领域的研究也日益成为心理学基础研究与学校教育实践之间的桥梁，为教育中的学与教提供各种有实际意义的建议，同时也为个体成为专家开辟了一条现实可行的路径。学界对专长的理解历经了从"状态观"到"原型观"再到"过程观"的飞跃，以及从个体的"垂直专长观"到集体的"水平专长观"的变化趋向。

在不同专长观的影响下，研究者通过不同的研究方法开展了多种主题的专长研究。在"状态观"的视角下,探究专家特征、专长内容构成、专家发展阶段,成了理解专长不可或缺的方面。这个阶段的研究多数采用根植于认知心理学的实验研究方法,比较了专家与新手的差异。"原型观"整合了专家型教师的核心内容,加深了我们对专长表现多样性的理解,同时又不落入把每个人都假定为专家的误区。换言之,通过一个案例判断是否是专家不做绝对的结论,如果此案例与本领域专家类属原型的相似性越高,他就越具有典型性。在"过程观"的视角下,一些研究者探究了支持和协调专长发展的动态过程和学习机制。这一时期的研究开始采用自然主义取向的质性研究方法,不仅比较了专家与新手的差异,也开始关注专家与有经验的非专家或专家与专家之间的差异。正如 Tsui(2005: 184)所言,专家的专业表现和专长的发展过程是同一枚硬币的两面,两者都是理解专长本质的关键所在。此外,飞速发展与变革的知识社会对所有专业人士提出了更具挑战性的学习与发展目标。Engeström 等(1995)以方向性视角提出了区别于传统垂直专长观的水平专长观,以应对高度分工、由多元活动领域构成的现代社会。

这些研究和观点为本研究概念框架的构建和研究方法的选择提供了启示。本研究将同时考虑专长作为状态和过程的两个维度,并综合个体垂直和社会水平的观点建构研究的概念框架。并且,本研究将通过质性案例研究方法,分析并诠释现实教育情境中高校外语教师教育者教育专长发展的过程和影响因素,以及专长的表现和作用。

2.3 课例研究与教师学习

课例研究是在职教师学习的一种重要方式。本节将概述课例研究的发展脉络和相关研究,以及教师学习概念的提出与衍变。在此基础上说明课例研究作为教师学习的新型活动模式及课例作为关键中介工具的重要地位。

2.3.1 "课例研究"文献回顾

课例研究是由日文术语"jugyou kenkyn"直译而来,美国学者 Stigler 和 Hiebart(1999)用英文"lesson study"指称这一概念,目前国内学界统一并广泛使用的翻译是"课例研究"。在日本,课例研究被视为教师专业发展的重要途径。在以美国为首的西方国家,课例研究经历了从尝试到推广的过程,并且有的国家将其摆在教育策略层面之上。在我国,课例研究始于传统的教研制度以及更久远的教学探索活动。2005年香港教育学院组织召开了首届课例研究国际会议，在会议上来自世界各国的专家介绍了各自课例研究的最新动向。在2006年第二届会议上，来自八国的学者共同讨论并成立了世界课例研究协会（The World Association of Lesson Study，简称WALS），这标志着课例研究受到了更广泛的国际关注和认可。

各国学者对课例研究的定位略有差异，对课例研究的形式和关注也有所不同，然而这些活动却有着类似的本质。所谓"课例"就是以一节具体的课为例，反映课堂教学活动从设计到实施的过程，包括教学设计、教学实录、教学反思等。顾泠沅和王洁（2003）认为，课例研究是以课例为载体，在教学行动中开展，并由专家引领，以促进学生真实学习和教师发展为指向的教学循环研究。安桂清（2008）将课例研究定义为教师基于真实的课堂教学过程所开展的合作性研究。霍海洪（2009）指出，课例研究是指教师系统地研究课堂中教与学的行为，从而改善教师的教学经验和学生的学习经验的综合过程。杨玉东（2010a）认为，课例研究表现为教师研究如何改进课堂教学的过程，它是以学科内容为载体，围绕某个教学问题研究改进方案。国内外学者对课例研究的界定大多采用描述性定义的方式，这与课例研究本身的形成过程不无关系（赵萌萌，2012）。课例研究是在实践中逐步生成和发展起来的，很难有唯一确切的理论定义或模式。总体而言，课例研究已被多国学者认可为是一种提高课堂教学质量、改善校本研修文化、促进教师发展的基本手段。

在我国，由顾泠沅首创的"行动教育"是课例研究的变式，是对课例研究在中国本土化实施的积极探索。为了实现教师在职教育的"知行合一"，顾泠沅基于其20年教育改革试验提出了行动教育的理论（王洁、顾泠沅，2007）。其理论指出，行动教育是以课例为载体，在教学行动中开展包括专业理论学习在内的教师教育，强调专业引领和行为跟进。其中，教师的实践反思是关键点，课例是载体和平台，研究者与教师的合作是重要的支持条件。虽然研究者对学科知识有本质的理解，对教与学方式有深刻的把握，但对常态的教与学活动了解不够。而教师的优势在于其对学生深入细致的了解，对教材及教学大纲的熟悉和对升学考试要求的把握，且教学技巧熟练，但容易局限于自身已有的经验。在行动教育过程中，研究者不再是传统意义上的理论知识的提供者、标准答案的发表者，而是教师的"协助者"与"合作者"，并与教师一起学习，共同提高。一线教师不再是被动地接受和消化理论知识，而是研修活动的参与者，是培训内容和形式的主动创造者，也是被培训者的合作伙伴。

教师与研究者的亲密合作，恰好弥补了各自的欠缺，通过不同的声音，提供不同层面的洞察，以互补、互惠的方式不断提高参与者的个人专业理论水平与实践能力，使教师成为具有研究能力的实践者，使研究者成为具有实践经验的理论工作者，以促进各自的专业发展。

由此可见，课例研究的人员结构对研究顺利有效的开展至关重要。在此过程中，教学行动的主体与专业研究的主体亲密合作，充分发挥一线教师、高校研究人员或教师教育者、教研员等之间相互结合的互补优势（顾泠沅、王洁，2003）。针对课例的讨论，是研究者与教师共同面对教学，对具有内在不确定的、复杂的教学情境做出解释和决策的过程；是具有"超然立场"的研究者和处于"现实情境"中的教师两者之间的对话、交流与分享彼此经验的过程。并且，双方可以逐渐体会和领悟一个具体课例所蕴含的课程发展理念，完善或重构各自的实践知识及理论知识的结构，进而获得建构理论和专业成长的契机。此外，解决教学问题需要一种来自革新理念的突破，而研究者的参与可为教师学习提供助力。因此，只有通过教师与研究者的协作才能取得"专业引领"的最佳效果，从而获得多方共同发展的共赢局面。

此外，通过对现有相关文献的梳理发现，我国目前非实证性论文占据了相当大的比重，现有对课例研究的探究还多见于概念和操作的讨论（安桂清，2007；王洁，2009；杨玉东，2010a）、国外研究的引介评述（胡庆芳，2006；霍海洪，2009；蒋盛楠，2012）或进行课例研究与传统研修方法的对比（李子建、丁道勇，2009）。具有实证描述和数据支持的相关研究出版物为数不多。例如，张东娇（2009）以三所小学数学和语文的课例研究为例，探讨了课例研究作为工具是如何促进教师专业发展，改善学生学习，增强学校管理效能的。胡定荣等（2010）基于对七位初中教师课例研究经历的反思，探讨了课例研究取得实效的障碍与策略。赵萌萌（2012）通过叙事的方式描述了某中学数学教研组进行课例研究的过程，并对该过程进行了理论解读。童慧和杨彦军（2013）基于参与课例研究项目的小学教师的反思日志，探究了教师反思能力的多维成长。

尽管已有了上述实践成果和研究进展，但国内的探究多数还停留在认识层面，对现实境脉中课例研究实践的探究不足，明显缺乏纵向严谨的实证研究。首先，理论探讨或经验引介促进了对国外先进经验和理念的了解与传播，但过度的"坐而论道"会阻碍对课例研究的本土化实施，以致本土经验被埋没。发掘课例研究的本土经验，以及如何依据本土条件吸纳先进外来经验，是未来研究者和教育者需要正视的问题。其次，文献研究显示，目前在我国内地课例研究中，高校专业研究者对一线中小学教师课例研究的参与和支持度仍差强人意。国外或香港地区的课例研究的成功范例大多都有高校研究者和教育者的引领和参与（Saito et al.，2006；Walker，2007；Tsui & Law，2007）。在我国内地的教研活动中虽不乏同级的横向支援，但纵向的引领明显不足。顾泠沅和王洁（2003）指出，先进的理念如果没有以课程内容为载体的具体指引与对话，没有专家与研究者等高一层次人员的协助与引领，同事之间的横向互助常常会自囿于同水平反复。因此，未来实证研究需关注高校研究者或教育者、教研人员与一线教师之间的多方合作和共同发展，尤其要重视高校研究者或教育者自身在课例研究过程中的专业发展。最后，我国内陆外语教育领域对课例研究的探究还处于引进外来的初级状态，针对英语学科的课例研究数量寥寥。其中，由高校外语教学和教师教育研究人员亲自参与的课例研究实践，以及基于此的实证研究还相当不足。

2.3.2 "教师学习"概念梳理

"教师学习"于20世纪80年代初正式在文献中出现。Carter（1990）认为，其内涵与"教师发展"接近，二者常被作为同义词交替使用。20世纪90年代以后，"教师学习"作为一个独立的关键词在文献中频繁出现。于是，学界开始对"教师学习""教师发展"及"教师教育"有所区分，但至今对于这些名词短语内涵的认识仍是"仁者见仁、智者见智"。陈向明（2013a：2）指出，"教师专业发展"的概念是在学习的"习得隐喻"和"参与隐喻"基础上提出的，传递的是一种"缺陷模式"，意指教师是有缺陷的人，需要"被"发展。在该发展过程中，变化的仅是作为主体的教师，而不是作为客体的知识。"教师学习"概念更强调教师作为完整、有能力的人的主动参与性，应使用更贴近教师日常实践的方式来促进教师的成长。由此，"教师学习"作为独立概念的提出，是对教师教育与教师发展概念的重构。

这种话语的转变主要是受到社会文化理论的影响。社会文化理论为教师学习研究带来了全新的视角，也引起了20世纪90年代二语教师教育领域的社会文化转向（Johnson，2009）。该理论认为，教师学习不是知识的线性累加，而是在与情境和他者的交互中不断进行的社会文化建构过程，体现出了人的行为、认知等主体因素以及情境之间构成的动态交互关系。Freeman和Richards（1996）指出，语言教师究竟是怎样学会教语言的？他们学会教语言的知识和经验基础是什么？这些问题人们并未真正研究过。并且，他们认为，只有将教师教育建立在对教师学习本质的理解上，才能真正使之促进教师的成长。

总之，教师学习的本质是一种社会文化活动，其依附于情境，并发生在实践共同体中，会受到中介的影响。教师学习不应是一个孤独的自我实现的过程，需要多方的合作和支持。陈向明（2013a：6）指出：

> 教师的学习需要熟悉不同的话语的人士，既了解学术界的专业话语、教育行政的改革话语，又了解教师的日常话语，跨越边界，促成不同话语之间的交流和整合。因此，目前迫切需要的是教师教育者和研究者与教师们组成团队，对教师的学习进行跨学科的、合作的、批判性的研究和干预。只有这样，才能打破教师"专业发展"的迷思，更加有效地使教师真实的"专业学习"体验不断涌现。

2.3.3 研究评价

从上文可见，课例研究创造了理论与实践之间的思考空间，打破了研究者长期统领的理论研究和教师实践操作之间的藩篱。课例研究作为促进教师学习的重要活动模式，为教师学习共同体提供了一个优质平台，也为本研究中的合作教师研修活动提供了借鉴。随着教师学习观的社会文化转向，教师教育者应更关注教师生活的社会文化情境，更积极地寻求以整体、动态和多元的视角透视教师学习这一复杂现象，并亲力亲为地参与到与教师一起合作学习和探究的过程中来。由此可见，课例研究的思路与当代教师学习理念高度契合，都强调了一个扎根实践、多方合作、主动探究和创新的过程。因此，本研究认为，课例研究是一种以日常教学实践的真实课例为中介，由高校外语教师教育者、一线教师及教研员合作参与的教师学习活动系统。

2.4 小 结

本章分别从外语教师教育者研究、专长研究，以及课例研究和教师学习三个方面评述了与本研究相关的概念、理论和研究观点，指出了本研究拟填补的实证研究空白。本章在梳理外语教师教育者概念的基础上发现，较之通识教育领域，目前外语教育领域的学者对教师教育者的了解远远不够，且早期的探究多为经验引介，只是在近十年来才出现了少量实证研究。国内学界对外语教师教育者这个群体更缺少一个清晰全面的图景，有许多问题值得追问，尤其缺乏针对外语教育教师者专长的实证研究。由此，本研究将聚焦高校外语教师教育者的教育专长，以填补目前我国外语教育领域中实证研究的空白。学界对专长的理解历经了从"状态观"到"过程观"的飞跃，以及从个体的"垂直专长观"到集体的"水平专长观"的衍变。这种衍变也伴随着该领域的研究从认知心理学到自然主义研究取向的转化。Tsui（2005：184）指出，专家的专业表现和专长的发展过程是同一枚硬币的两面，两者都是理解专长本质的关键所在。Engeström 等（1995）从方向性视角提出了区别于传统垂直专长观的水平专长观，以应对由多元活动境脉构成的、不断变革的知识社会。在这些观点和研究的启示下，本研究综合考虑专长作为状态和过程的两个维度以建构研究的概念框架。并且，本研究采用质性研究方法，深入细致地描述并诠释了多元教育情境中高校外语教师教育者的教育专长发展。此外，课例研究作为促进教师学习的重要活动模式，其特点与当代的语言教师学习观高度契合，都强调一个扎根实践情境、多方合作探究的过程。由此，本研究将关注在以课例为中介的合作教师学习活动系统中的高校外语教师教育者。

第 3 章 概念框架与研究设计

基于上一章文献综述所揭示的观点、视角和研究等对本研究的启示，本章介绍本研究的理论基础与概念框架，以及总体研究设计。

3.1 概念框架

第二章对专长观的衍变进行了梳理，其中，专长的过程观和水平专长观都强调了要从动态发展的角度来研究专长，都要更关注已有专长在新情境中的拓展和变化。这种专长观的改变与芬兰学者 Engeström（1987）提出的新型学习观不谋而合。他认为，适应当今多元化社会发展的专长需要基于一种创新的方式，它不是建立在传统观念中那种稳定的、层级式的个体知识和技能基础上，而是建立在跨越边界的网络交流以及合作互动的团队能力上，以应对瞬息万变的挑战和活动系统的不断重构。由此，他提出了拓展学习（Expansive Learning）理论（Engeström，1987）。学习贯穿人的一生，是推动人类生存发展的最基本手段。然而，人们仍在探索"何为学习""如何学习"等基本问题。作为一种新的学习隐喻，拓展学习理论是社会文化理论在实践中的成功应用与发展，它从一个全新的视角重新理解和阐释了学习。

3.1.1 拓展学习理论的形成与发展

拓展学习理论的基本思想源于文化历史活动理论。后者以形成于 20 世纪二三十年代的维列鲁学派（即苏联著名学者 Vygotsky、Leont'ev 和 Luria）的思想为基础。心理学界普遍存在将主客体二分的倾向，为了弥合这样的分裂，Vygotsky（1978）以马克思的辩证唯物主义认识论为基础建立起一套新的心理学范式及第一代活动理论模型（见图 3-1），其中包括主体、中介工具及客体三要素。主体可以是个体或集体。中介工具对人类行为的介入具有革新意义，主要包括文化制品、语

图 3-1 第一代活动理论模型

言、科学概念及社会关系等。客体则是不断衍变的目标。该理论认为主体（人）与客体（环境）间的交互需依靠工具的中介作用，以达到主体期望的结果。Leont'ev 继承并发展了这一理论，并形成了第二代活动理论（见图 3-2），其在第一代活动理论的基础上又增加了规则、共同体及分工这三要素，突出了个体与共同体之间的互动。该理论是一个有力的、清晰的描述性工具，而不是规约性理论（Nardi，1996）。西方对社会活动理论的研究和应用较为深入和广泛，并将该理论作为方法论或分析框架以探索解决实际问题的途径，或为更具体的理论提供基础。Engeström（1987）在 Vygotsky 和 Leont'ev 的理论基础上发展出了第三代活动理论（见图 3-3），强调了多个活动系统之间的交互性。

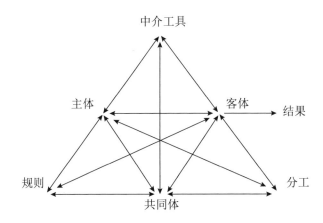

图 3-2 第二代活动理论模型

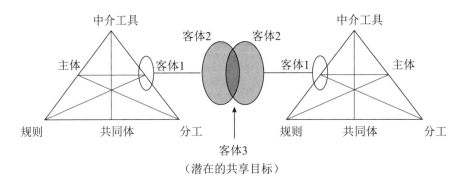

图 3-3 第三代活动理论最小分析模型

第一代活动理论聚焦个体活动行为，但未能凸显社会情境因素对个体的影响。第二代活动理论虽将个体的活动纳入到共同体中，并开始考虑共同体中其他成员及因素对个体产生的影响，但该共同体仍是一种脱离社会情境的孤立群体，这代理论忽略了不同活动系统或文化之间的交流。与 Vygotsky 的第一代活动理论和 Leont'ev 的第二代活动理论相比，Engeström 突破了只研究个体与共同体互动的局限，将活动系统纳入到了整个社会情境当中，旨在通过对活动的分析与描述揭示真实的多元化社会情境（吴刚、洪建中，2012）。此外，Engeström 将活动理论从一个研究不同形式人类活动的理论框架发展为一种方法论，对活动系统进行了结构化的描述，揭示了活动系统的构成要素及各要素间的互动机制，并对如何分析人类的活动进行了阐述，以此考察医疗、学习、商业等活动，使活动理论在实践中得到了广泛应用。并且，他基于哲学、社会学乃至文学领域的理论精髓，提出了新型的拓展学习理论。该集大成之理论，融合了巴赫金的对话理论、行动者网络理论、跨越边界及第三空间等概念，深刻地影响着西方国家在教育领域的研究，如课程整合、建构主义学习与远程教育等。

3.1.2 拓展学习理论的核心思想

（1）变化的客体

在传统学习理论中，学习被看作是恒久地改变主体认知与行为的过程。然而，拓展学习理论认为，学习是在对集体活动的客体的积极创建及实施过程中体现和完成的。在拓展学习中，学习表现为集体活动客体（或目标）的改变，是主体对客体的理解不断拓展的过程。简言之，活动系统从单一的个体或团体扩展到了多个相互关联、相互作用的活动体系。由于不同的活动体系拥有自身独立的活动客体，在协作的过程中这些活动系统可能会产生冲突和紧张关系，因此需要共同重构一个共享的活动客体，即活动的对象和目标。

该拓展过程主要发生在四个维度上。第一是空间维度，即谁应该被包含在活动内。换言之，活动客体的拓展中包含了哪些主体。第二是时间维度，即拓展的步骤及过程。第三是权利维度，即活动由谁负责和决定。第四是发展维度，即如何塑造活动系统的未来。例如，在医生诊断病患的活动中，活动客体就处在不断拓展的过程中（Engeström，2010）。医生初见病患是通过病患外在特征（即双重刺激中的第一刺激 S1）形成对病情的初步认知（由刺激产生的反应 R1），这个过程是通过主客体的直接作用实现的。随后，医生会通过一定的中介工具（如以往的医学病例、理论概念、仪器等）来检查病患（即双重刺激中的第二刺激 S2），以获得新认知（R2），并将前后两次认知结合起来，形成最终的认知（R3）。在这个过程中，活动客体（对病患病情的认知）是不断变化的，由此医生也不断调整治疗方案。也就是说，活动的进程和矛盾的解决方法一直是随着主体对活动客体的认知变化而发生变化，即形成活动客体拓展的时间维度。此外，在空间维度上，随着不同活动主体的加入，活动客体也会发生拓展。如图3-4所示，医生诊断时，病患家属作为另外一个活动主体加入到诊断活动中，客体1是医生对病患病情的最初认知，客体1′是家属对病情的认知。客体2是医生结合家属的理解形成了一种新的认知，客体2′是家属结合医生的讲解形成的新认知。最终医生和家属的认知在碰撞过程中形成了一个共识的部分客体3，即不同活动系统的共享目标。当然，这个过程也涉及权利维度，即由于医生具有专业知识，使他在客体3的形成过程中处于支配地位。

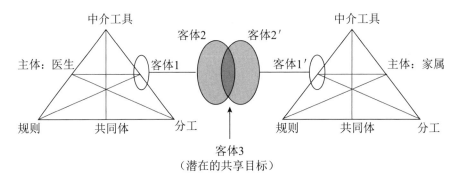

图3-4 拓展学习过程中的客体转化图例

活动客体的不断转化是拓展学习理论的核心思想之一。Engeström（2001：136）认为，活动客体是一个"移动的靶子"（moving target），而非在意料之中的短期目标（conscious short-term goals）。这包含两层意义：客体是自成一体地独立存在着的，将改变主体的活动；而其具体的意象是通过心理反思后活动的产物或结果（outcome）（Engeström, 2010：76）。换言之，活动客体是一个移动的、变化的集体目标，人们对于活动客体的理解也会随着活动的拓展不断发展变化。客体的转化意味着两层意涵：第一层为活动的一般目标，即整个活动体系的共同目标，具有普遍的社会意义；第二层为行动的特殊目标，是特定主题、特定时刻、特定行动的目标，具有个人意义。多个异质团体共同为集体活动建构一个新的目标，即一般目标。只有当一般目标被赋予个人意义时，它对个体来说才是有效的，所以目标的转变就发生在一般目标与特殊目标之间的双向移动中（吴刚、洪建中，2012）。学习主体在工具的帮助下最终将客体转化为结果，无论是一般目标还是具有个人意义的特殊目标都是推动活动发展的驱动力。客体拓展对学习活动的另一个影响表现在学习的结果上。当学习活动结束时，其最终结果是使活动系统中的所有成员都能获得质变的发展。

（2）内在驱动的矛盾

活动理论反对传统的实证主义，认为其忽视了人的主体性和社会文化的复杂性，在分析学习活动时通常仅逐一分析影响学习的变量及其相关关系。活动理论认为，这种简单因素分析无法解释真实情境的复杂性，并主张以活动作为一个整体分析单位，将所有活动都看作一个由内部矛盾驱动的发展过程。矛盾是指由历史积累起来的结构性冲突，通常体现为系统受到外部干扰，它也是活动系统发生变革的一种驱动力。Engeström（2010）认为，在拓展性学习中这种驱动力是由不同活动系统对"潜在共同目标"持有不同的意见和要求而产生的矛盾和冲突带来的，而这种矛盾和冲突又会引起对现有实践或经验的某种质疑和批判，并探索新的解决途径。这样，原有的活动客体就会发生转变，新的活动系统随之产生并从根本上拓展了原有系统。

由此，矛盾是活动发展的基本要素，是引发客体拓展的主要原因，是活动系统中不可缺少的部分。在学习活动的不同阶段，存在四种形态的矛盾（见表3-1、图3-5）（Engeström，1987）。

表 3-1 人类活动系统中的内部矛盾

矛盾层次	定　　义
初级矛盾	具有隐蔽性的主要矛盾，存在于活动的六个要素内部（图3-5中的1）
二级矛盾	显性的次要矛盾，存在于活动要素的两两之间。当一种新的要素进入活动系统时，将会改变原有的要素，就出现了活动的次要矛盾（图3-5中的2）
三级矛盾	中心活动与更高级文化活动之间的矛盾。当中心活动的更高级文化形式的客体被引进活动中时，先进形式与落后形式之间就产生了矛盾。中心活动的主体也会努力尝试更先进文化的活动，这样就会向前发展（图3-5中的3）
四级矛盾	中心活动与邻近活动之间的矛盾。这些活动包括：与中心活动的客体或结果相近的活动；为中心活动提供工具的活动；中心活动的主体接受教育的活动；更外围的活动，如管理和法规。通过中心活动与外围活动之间的相互交换，这两种活动会逐渐融合（图3-5中的4）

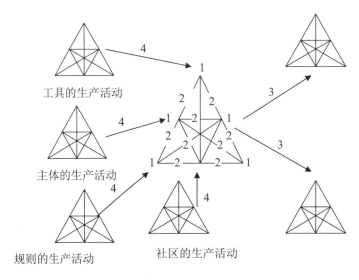

图 3-5　人类活动系统中的四重矛盾

初级矛盾是具有隐蔽性的主要矛盾，存在于活动系统的要素之中。二级矛盾是显性的矛盾，存在于两个或多个要素之间，是由于新的要素或影响因素的加入而导致的，例如，新的工具加入活动系统时就可能产生次级矛盾。三级矛盾是更高级的活动模式与先前的旧互动模式之间的矛盾。当更高级的活动客体被引进时，先进的活动形式与落后的形式之间就产生了矛盾，中心活动的主体也会努力尝试更先进的活动，推动活动向前发展。四级矛盾是指新的组织活动与其旧活动体系之间的矛盾。邻近的旧活动系统为新产生的活动组织提供工具或帮助，两个活动体系通过相互融合来得到共同发展（Engeström，1987）。

（3）跨越边界

由于学习革新的价值不断凸显，未来学习将越来越多地发生在不同活动系统中，"跨越边界"也成为拓展学习研究中的核心思想，它和"最近发展区"的概念密切相关。在拓展学习中，学习标准的确立需依靠历史分析法，以识别需化解的矛盾，并勾勒出需跨越的最近发展区。实际上，学界对于"最近发展区"的认识也是一个不断变化的过程，经历了从最初的"儿童独立处理问题的能力与借助成人处理问题的能力之间的差距"（Vygotsky，1978），到"不是儿童与成人间的对话，而是儿童与其未来的对话"（Griffin & Cole，1984），再到"作为对具有社会性和参与性的学习方式的一种隐喻"（Daniels，2001）的过程。

尽管这些解读在一定程度上拓展了最近发展区的内涵，但是从总体上来看，仍没有突破两个方面的局限：一是仅关注了个体学习，尽管有些认知涉及个体学习的社会性方面；二是强调一种"非对称性学习"，即学习是从能力强的一方朝能力弱的一方转移的过程（吴刚、洪建中，2012）。Lave 和 Wenger（1991）打破了传统的个体学习观，更强调最近发展区的分布性和集体性，认为能力强的一方是共同体而非个体，最近发展区即为个体日常活动所能解决问题的能力与集体实践活动所能解决问题的能力间的差距。与 Lave 和 Wenger（1991）的观点相比，拓展学习理论不仅强调了学习的社会性、分布性和集体性，更突出了其拓展创新性，揭示了集体现有的实践能力与未来实践能力之间的差距（见图3-6）。

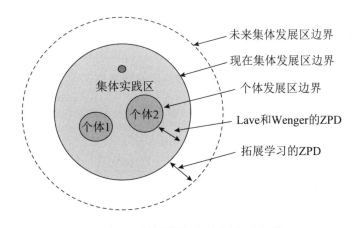

图3-6　最近发展区拓展过程示意图

Engeström（2010：76）的最近发展区体现了在解决"双重困境"过程中的集体力量。Engeström（2010）将最近发展区比作一个有待探索的生活区，由于受到历史、社会、文化因素的制约，这个区域有显性的边界，住民基于不同的目的在不断探索其区域内的未知领域，每次探索都会形成一个新的路径，住民也会对该区域多一份了解。当住民的认知达到一定的水平后，就会突破现有的发展区边界，进入另一个新的区域。由此，拓展学习被看作一次跨越最近发展区的集体旅程。因此，"跨越边界"即指突破现有最近发展区的边界，进入新的发展区域的过程。此外，它还包括不同活动系统间的跨越，即通过不同系统间的互动、协商和争论，最后跨越彼此的边界形成一个共享的客体。总之，拓展学习中的"跨越边界"实质上就是活动系统的拓展过程，是集体知识创新的过程。

（4）多重声音

Bakhtin（1982）提出，对话是人类基本的生存方式之一，个体的话语总是承载着某种观点和价值取向。这种表达功能是在与潜在对象对话的过程中完成的,并且各种代表迥异观点和价值取向的话语会共同构建起一个充满张力的公共话语空间。拓展学习借鉴了这一重要思想,认为一个活动网络总是包含多种持有不同观点的主体与共同体,且活动系统之间的互动就是基于对共享目标的不同理解(Engeström,2001)。由此,拓展学习是一个由多重声音相互协商、争论和融合的过程。

如前所述,拓展学习理论突破了只研究个体与共同体互动的局限,走向了系统之间的互动,将活动系统纳入到了整个社会的大背景之中,力图通过活动分析将个体真实而复杂的生活情境完全描述并彰显出来。由此可见,该理论对个体在充满矛盾或困境的现实情境中的学习与发展过程具有强大的诠释力。该理论对探究来自不同活动系统的高校教师教育者、城区教研员和中小学英语教师等合作的教师学习活动具有恰切性。因此,本研究将借用该理论中的核心概念和思想建构研究概念框架,指导资料的收集、整理与分析以及研究发现的讨论等。

3.1.3 本研究的概念框架

在质性研究中,概念框架是研究的结构或固着点,展现了研究的初步理论设想,旨在以简洁、直观的方式将研究问题所包含的重要方面呈现出来(陈向明,2000)。换言之,它是一个支持和丰富研究的概念、假设、期望、信念和理论的体系,通常以图表或叙述的形式解释有待研究的关键因素、概念或变量以及它们之间假定的关系(陈向明,2013c)。细言之,概念框架作为研究的基础,为研究者圈定研究范围,并体现研究问题所包含的关键因素及其之间的关系。此外,它为整个研究过程提供导航,包括研究设计、资料收集和分析以及研究发现的组织等。概念框架的建立基于对文献的整理和评析,以及研究者自身的经验和洞见,并且该框架在研究过程中可以被不断地修订和完善(Bloomberg & Volpe,2008:58-62)。总而言之,概念框架的形成基础是研究问题、相关理论和研究以及研究者的个人体验和先见。

Carter(1990)、Ganser(2000)、Clarke 和 Hollingsworth(2002)等都曾提出,有关学习或专业发展的研究要回答的问题需围绕三个维度:①关于学习或专业发展的过程本身(learning itself),即"如何发展"的问题;②学习或专业发展的终端产品(product),即发展了"什么"的问题;③关于学习或专业发展的环境或手段(setting/treatment),即"为什么"有这样的过程与结果的问题。其中,Clarke 和 Hollingsworth(2002)

基于大量实证研究所建构的专业成长关联模型（Interconnected Model of Professional Growth）（见图3-7），最能体现在变化的环境中主要成因之间的非线性动态关联性，同时成功地包容了前人学习理论中的个体认知视角（cognitive perspective）和社会情境视角（situative perspective）。他们认为，教师的成长或变化主要包括四个方面：①外部信息资源或激励因素；②个体知识、信念和态度；③专业试验；④显著结果。与之相关的四个变化区域分别被称为：外在区域（external domain）、个体区域（personal domain）、实践区域（domain of practice）及结果区域（domain of consequence）。该模型中的实线表示践行（enaction），虚线表示反思。该模型体现的层面及其互动关系与本研究的研究目的中四个维度及其内在关系具有一致性。

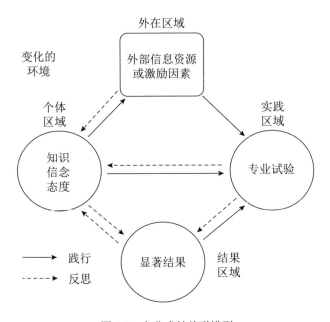

图3-7　专业成长关联模型

因此，本研究基于该模型，结合以上文献评述、理论主张、研究目的以及研究者本人对高校外语教师教育者教育专长的思考和理解，建构了以下概念框架（见图3-8）。该概念框架主要包含四个维度：①图中右边的圆表示高校外语教师教育者的专长在与多方合作的教育实践中的拓展过程；②图中上方的长方形表示影响该过程的各种因素；③图中左边的圆表示高校外语教师教育者在实践过程中表现出的较稳定的个体专长特征，因为这些个体特征是在不断动态变化的，因此图中的圆用虚线表示；④图中下方的圆表示该专长在本研究情境中所发挥的作用。其中，图中的双向箭头代表研究对象通过践行与反思而促成的四个维度间的互动。

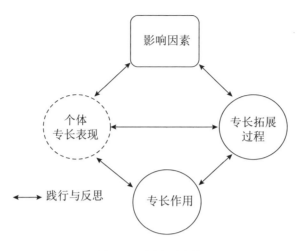

图 3-8　研究概念框架

总之，本研究基于拓展学习理论，描述在多方合作的教育实践过程中由矛盾驱动的跨越边界之旅，阐释高校外语教师教育者专长发展过程，同时从活动系统的各个要素，包括中介工具、主体、客体、共同体及社会情境等方面探究影响该过程的主要因素。研究还描述了在此动态过程中高校外语教师教育者个体在其知识、技能与行为等方面较为突出与稳定的专长表现，探讨了该专长在本研究情境中所发挥的作用。

3.2　研究设计

本研究是在质的研究范式的传统中进行的。质性研究设计是一个互动的过程，研究者须不断地评估研究目的及意义、理论、研究问题、方法与效度之间的关系，以建构一个统一而互动的"橡皮圈"模式（Maxwell，2005）。图 3-9 中模式的上部是研究设计的外壳，具体包括研究目的、研究者的经验与先见以及相关理论；下部是研究的内在设计，包括实际的研究活动，以及发展与评估研究发现的过程。研究问题是该模式的核心，它勾连着研究整体设计的上下两部分，并对各个要素有所感应与知会。当然，陈向明（2000：71）提出了更为形象的"立体两维互动模式"，强调在质性研究过程中研究的各个要素在不断互动中缩小聚焦。下面将通过讨论这个互动模式中各个要素的具体内容及其相互间的关系来构建本研究的设计。

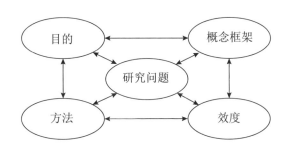

图 3-9 研究设计的互动模式

3.2.1 研究问题

本研究寻求回答以下四个研究问题。

（1）在本研究中，高校外语教师教育者教育专长拓展过程受到了哪些因素的影响？

（2）该专长有怎样的拓展过程？

（3）在该拓展过程中，高校外语教师教育者有怎样的个体专长表现？

（4）该专长发挥着什么作用？

3.2.2 研究方法及选择理据

研究目的和研究问题决定了研究方法的选择。本研究采用了质性研究方法。该研究方法是"以研究者本人作为研究工具，在自然情境中采用多种收集资料的方法对社会现象进行整体性探究，并使用归纳法分析资料并形成理论，通过与研究对象互动对其行为与意义建构获得解释性理解的一种活动"（陈向明，2000）。Miles 和 Huberman（1994：10）总结了质性研究三大优势：①对现实生活的有力把握；②对潜在的、隐性的问题的理解和解释；③对问题复杂性的揭示。基于前人的观点，笔者认为质性研究在以下方面对本研究具有恰切性。

第一，相对于量化研究，质性研究的自然主义探究传统使之更适合探究在真实情境中复杂的细节及其变化。专长本身具有情境性，是研究对象对实践情境的积极回应（Tsui，2003）。研究者需要走进研究的田野，沉浸在常态的生活中，观察研究对象的行动方式，聆听他们的故事与思想深处的声音，细查多方合作中协调与冲突的过程。研究者置身于研究对象的日常工作与生活中，有利于理解高校外语教师教育者教育专长的内在发展过程和结果，以及各种因素之间错综复杂的关系。第二，质性研究能够揭示事物发展与变化的过程。高校外语教师教育者教育专长具有过程性，换言之，该专长不仅是一种状态，更是一个多维的、动态的拓展过程。因此，研究不能脱离教师专业发展与学习的情境，并且需要对教师教育活动过程进行探究。

本研究的具体研究取径选择了被置于质性研究这把"大伞"下的案例研究。一般来说，案例研究属于现象学范式，是对当前现实生活中存在的现象进行实证性探究，需在自然的、完整的、常态的工作生活情景中进行。其研究对象是"有边界的、可作为独立单位的系统"，如某个人、某所学校、某个项目、某个组织或某个事件等（Merrian，1998：27）。从认识论基础看，案例研究是对个体意义的描述、理解和诠释（张莲，2011）。从研究过程看，案例研究是对某个现象在其真实情境中的实证性探究，而且通常所研究的现象与情境之间的界限模糊，二者不可分割（Yin，1994）。从研究的关注点看，案例研究关注的是案例的独特性（particularity）和复杂性（complexity）（Stake，1995）。从研究的终端产品看，案例研究是对单位事件、现象或社会单位所进行的深度的、整体的描述和分析（Merriam，1988）。从研究者和研究对象的关系看，在案例研究中两者更容易建立信任的合作关系，研究者因此可能深入到研究对象的内心生活世界（刘熠，2011）。从资料收集的方法看，案例研究可采取任何一种方法，但比较典型的是使用质性研究的资料收集方法，包括访谈、观察、文档等。从其特点看，案例研究具有特定性、描述性、整体性和启示性（Merriam，1988）。

以上讨论的案例研究的种种特点与本研究的目的及性质相互吻合。首先，案例研究选择数量较少的人、群体或事物作为研究对象，而教育专长及其发展都表现出了个体化特征。个体所处的文化氛围、组织结构、生活经历、受教育经历和价值观、教育观的差异，以及自身对专业成就期望的不同，在专长表现和发展上就会显现出较大的个体特征。其次，从纵向看，案例研究是一个在情境中探究的过程，对研究对象发展变化的过程进行深度的描述与分析。如前所述，高校外语教师教育者教育专长具有过程性，案例研究有利于集中探究专长的发展过程及成果。最后，从横向看，案例研究是以整体性的方式展示与诠释真实生活世界里的普遍联系及意义。较之量化研究从样本到全体的脱离情境的推论方式，案例研究的优势在于它能提供更丰富、生动、细腻且复杂的描述，公正地体现了社会真实的情境内嵌性。并且研究者通常高度融入研究情境，能够提供更丰富的资料，并为读者提供进一步诠释的可能（Johnson，2005）。Shulman（1996）曾指出，不少教师教育研究空泛得令人无法忍受，欲求放之四海而皆准的、含糊而又笼统的原则或箴言。因此，在研究过程中，案例研究并不固守预先设定的理论架构，而是以开放之心不断发现，充实并完善原有的研究概念框架。换言之，其旨趣不在验证，而在发现。对于教育专长的个体性、过程性、情境性与复杂性，案例研究能获得比较深入、多元的解释性理解。

3.2.3 研究对象及研究场域

对于具体研究对象的选择，本研究使用了目的性抽样，其理据是寻找那些能针对研究问题最大限度地提供资料的研究对象。本研究对由高校外语教师教育者、与其合作的城区英语学科教研员及一线中小学英语教师组成的实践共同体进行了为期一年的跟踪探究，并以高校外语教师教育者为研究对象探究了其教育专长。

在研究初期，对于研究对象——高校外语教师教育者的确定，笔者进行了多方位的思考。对于同一类人或事物，不同的研究者会有不同的界定和选评标准。第一，关于教师教育者的选择，与其说某人"是"或"不是"，不如用连续统的方式来看待这个问题（Fisher，2009）。换言之，某些人更接近教师教育者原型，与其具有较多相似性，是典型案例；而另一些人距离原型相去较远，不具较多相似性，是非典型案例。这与Sternberg和Hovath（1995）的专长原型观有异曲同工之处。他们认为，专长是以专家原型为基础的类属，而非一套充要的专家特征。即使类属成员的典型性相当，其相似性不一定高。并且，专长具有多样性和分布性。换言之，专家也具有多样性，新手也可能具有某个领域、某种程度的专长，只是与具有典型性的原型存在不同而已。第二，对于案例典型性的判断标准，研究者心目中的原型各异而各有说法，他们通常会综合考虑从一些外在显性因素，如从业时间、领导同事的推荐及工作业绩等方面进行筛选。本研究更关注动态发展中的教育专长，而非传统专长观中作为多年实践经验产物的专长。因为，在现实中从业几十年的非专家比比皆是。从业时间仅是本研究选择研究对象所考虑的一个必要条件，而非充分条件。Smith（2005）认为，教师教育者不仅应积极从事教师教育实践，还必须认同自身作为教师教育者的专业身份。譬如，一位在高等师范院校外语学院供职的英语教师虽然为英语师范生教授学科专业课程（如听说读写等）若干年，但其从事的是英美文学研究，很少参与教师教育实践活动，更不认同自己作为外语教师教育者的身份，那么该人员只能被视为"在其职而不谋其政"。因此，本研究在判断研究对象是否具备作为高校外语教师教育者的典型特征时，不仅权衡了其从业时间、所属教育机构的性质、同行与教师的推荐及其工业绩等外在指标，更侧重了教师教育者在长期从事的教育实践工作中的参与和投入强度以及自我身份认同程度。

本研究案例中的辛老师本人毕业于一所师范院校的英语专业，并在北美某大学著名教育学院获得了应用语言学博士学位，专攻英语写作教学。其间，她还曾就职于某师范院校外语系教师，教授英语专业师范生多门专业课程。她现任某国家级外语教育研究机构的教师与研究人员。截至目前，她从事教师教育这一领域的实践与研究已六年有余，符合以往文献中专家需要至少五年从业时间这一外在指标。另外，六年来她还投入大量时间坚持每周去中小学观课，并积极参与和组织了一线教师的学习活动。她的学科专业素养和她的热情、真诚与直言不讳的个性以及认真扎实的工作作风，使她逐渐获得了一线教师与教研员的认可。此外，她本人立志投身外语教师教育事业，并十分认同自己作为外语教育教育者的身份。

辛老师参与的一线教师学习活动主要分为两类：教师自愿研修小组活动和课例研究活动。自愿研修是研究者与中学教师合作的初始阶段，来自北京市某城区10所中学的18名教师和3名教研员参加了该阶段的研讨活动，该阶段一共开展了10次研讨活动。以课例为中介的教研活动是辛老师在职教师学习理念的具体实践，目的是在日常教研活动中对教师进行专业引领、促进教师反思和学习。该活动主要有两种形式，即课例教学计划研讨和研究课观摩研讨。在教学计划研讨活动中，每个单元通常由一个重点学校和一个普通学校的教研组分别备课，并提供单元教学计划。教研员将全区同一年级的任课教师召集到教师研修中心，对事先准备的课例教学计划进行研讨。研究课观摩研讨旨在让教师更直观地感受教学计划实施的效果，并探索改进教学质量的教学方法。在本研究中，笔者主要跟踪了第二类以课例为中介的合作教师学习活动，为期一年。作为辛老师的助理之一，笔者顺利地进入了研究现场。并且，在笔者进入活动现场之前，已有多位助理对该活动现场进行了非参与性观察，该现场已经成为一个对局外人、陌生人相对包容和开放的场域。

在本研究进行期间，区教师研修中心主要有两名教研员参与了合作活动，他们分别负责组织高一、高二年级的教师开展教研活动。其中，教研员惠老师年龄较长，从事教研员工作已近10年，对全区的英语教师十分熟悉。她也是该区高中阶段唯一的一位英语特级教师，从事高中英语教学长达22年。作为教研员，她日常的工作包括组织教研活动（如教学计划研讨和指导研究课）、设计练习题和考试题、下校听课及一些行政事务。另一位教研员英老师从事教研员工作近3年，在此之前，她在该城区某中学担任高中英语教学工作长达 17 年。

为了顺利开展教学计划研讨活动，教研员早在学期开始前就布置了备课任务，由学校教研组分别备课，并提供课例教学计划。然后，教研员将全区同一年级的任课教师召集到教师研修中心，对事先准备的课例教学计划进行研讨和施教。为了能在活动现场更好地与教师交流，实现理论与实践的互动，在每次活动之前，辛老师都会仔细审读教师提交的课例设计方案，针对其中的问题写下自己的看法，并在此基础上准备研讨时可能会涉及的关于教学方法和理念方面的话题。但是，具体研讨的内容则根据教师当场讨论情况和教师需求而定。为便于研讨，教研员为每位参与教师准备了纸质版的教学计划。负责教案设计的教师首先简要解释设计思路，其他教师结合本校情况对此教案设计进行点评，对不清楚之处提出问题，由设计教案的教师解答问题。然后，教研员和辛老师就此教案设计的亮点和不足加以评述与讨论。最后，如果时间允许，辛老师针对与教案设计相关的某一个教学方法或理念进行拓展，帮助参加研讨的教师更好地理解语言教学原则。此后，在研究课中，由几位教师实施经过研讨的课例教学计划，并进行两轮教师示范。在此过程中，施教教师与辛老师、教研员、同校指导老师以及参与活动的同行教师会多次对课例的每一细节进行研磨。此外，在每次活动结束时，教研员会邀请参加教研的教师填写一份关于此次学习活动的问卷（教师可自主决定是否匿名），为教研员和辛老师改进教研方式提供反馈意见。

3.2.4 研究资料的收集

在进入研究田野后，研究者在一年的时间内可通过"望、问、审"（Tsui, 2003：72）等多种方法收集研究资料，主要包括访谈、观察以及相关文本资料的收集等。同时，研究者还可从高校外语教师教育者、在职教师、教研员以及研究者本人的视角收集研究资料。本研究通过多种方法和多个视角收集资料，以期达到"三角验证"的目的，使案例的描写更翔实、深刻、可信。本研究的资料收集情况见表 3-2。以下介绍具体的资料收集方法和过程。

表 3-2　本研究的资料收集情况

资料收集方法	资料量
正式访谈	3 次，约 4 小时，约 6.5 万字
非正式交谈	多次，主要呈现在研究日志中
活动观察	12 次，约 30 小时，主要呈现在研究日志和观察记录中

续表

资料收集方法	资料量
教师教育者教育札记、研究报告	约 28 万字
教师反思日志	约 6 万字
研究日志、观察记录	约 10 万字

（1）访谈

访谈是访谈者和被访者之间就某些话题通过言语进行互动的过程。根据被访谈者在交谈过程中所能主动发起谈话主题的不同，访谈可分为结构性访谈、半结构访谈和无结构访谈。在进入田野的初期，研究者主要运用非正式的无结构访谈。这一时期的访谈对象，除了高校外语教师教育者，还有教研员和教师，他们也是重要的交流对象。与他们进行非正式的交谈，一方面能够比较开放地了解本研究中合作教师学习活动的整体情况；另一方面有助于对研究对象形成一个较为全面的了解，包括了解其过往工作和生活的经历。研究者对此类非正式交流未进行录音，而将主要交流内容记录在了当天或随后的研究日志之中。较为正式的半结构访谈主要在本研究资料收集接近尾声时进行，主要访谈对象是高校外语教师教育者辛老师。在此之前，为了确保访谈能顺利进行并最大限度获得可信资料，研究者根据研究目的设计了访谈提纲，并基于该提纲初稿对两位同为高校外语教师教育者的非研究对象进行了预访谈。随后，研究者在此基础上对访谈内容和技巧进行了反思，同时对访谈提纲中的问题和措辞进行了多次修改和调整（见附录 A）。此外，在访谈过程中研究者不断体会到追问本土概念的重要性和难度，试图通过不断追问、倾听和回应，层层深入到被访谈者经历背后的内心空间。研究者对这些正式访谈进行了全程录音，并使用音视频资料转写软件 F4 及时地将录音逐字转写为文本资料（如附录 C）。

（2）观察

当研究者进入研究田野，观察便开始了。根据研究者的参与程度，观察可分为参与性观察和非参与性观察。在质性研究的过程中，多数研究者会使用后者，即研究者在观察现场不参与、不介入到研究对象的活动当中，不让别人注意到其存在。在本研究中，笔者采用非参与性观察记录了辛老师、教研员与一线中小学英语教师共同参与的教师学习活动，包括教学计划研讨和研究课观摩研讨。同时，研究者也跟踪了辛老师所参与的其他教师培训活动，如国培项目活动和暑期名师培育活动，以全面了解辛老师的教育实践。研究者对这些教育活动中辛老师及教研员和一线教师的主要言语和非言语行为进行了录音和录像，同时也通过文字将其详细记录于观察记录当中（如附录 D）。

（3）文本资料

本研究中的文本资料是指通过文字、音像媒介对高校外语教师教育者参与的教育实践活动进行的记录与思考。此类资料包括：①高校外语教师教育者的教育札记及研究报告；②一线教师的反思日志；③研究者的研究日志和接触摘要单（contact summary form）；④相关教学计划、授课幻灯片、教材、课程教学大纲及活动日程安排等实物。其中，教育札记及研究报告提供了在笔者进入场域之前辛老师参与活动的重要资料，这些资料详尽地记录了辛老师作为外语教师教育者的职业发展轨迹和心路历程。一线教师的反思日志从另一视角阐述了他们与高校外语教师教育者合作的教师学习活动，是收集教师在一段时间内"行、知、情、意"变化的理想资料，可用于补充通过访谈和观察所获取的研究资料。此外，研究日志是研究者记录资料、与自我对话并进行反思的重要研究工具，研究者从研究伊始就将研究的每一步进展、新的思路和问题记于研究日志之中（如附录 E）。Borg（2001）曾指出，研究日志帮助他找到了呈现研究成果的方式，有助于排解研究者在研究过程中的焦虑和自我怀疑，同时也有助于研究者在与自我的不断对话中汲取灵感。除了研究日志，研究者每次从研究场域归来都会填写一个接触摘要单（如附录 B），将本次访谈或观察收集到的资料、初步分析的结果、有待解决的问题及有待收集的信息做一个提纲挈领的总结。

3.2.5 研究资料的整理与分析

质性研究资料的收集、整理和分析等步骤的界限并非泾渭分明，而是"你中有我、我中有你"，各步骤可齐头并进、相辅相成。本研究中资料的整理和分析是指研究者基于研究目的或概念框架，将所获得的原始资料进行系统化和条理化的处理，然后用逐步集中和浓缩的方式将资料呈现出来，并对其意义进行阐释。研究者主要采取了以下具体步骤。

（1）形成文本，归类命名，并将资料导入N-Vivo内部材料栏

本研究的主要文本来源包括：访谈内容逐字转写后形成的文本、活动观察记录、研究对象的教育札记、研究报告、反思日志以及研究日志等。对这些资料命名的方式由资料提供者、资料获取途径及资料收集时间决定。

信息提供者包括高校外语教师教育者辛老师、城区教研员惠老师/英老师和一线教师，他们分别被命名为"X""H"/"Y"和"T"。访谈资料被命名为"IT"，观察资料为"OB"，日志为"RJ"等。同时，研究者在质性研究分析管理软件 QSR N-Vivo 8 中建立项目，并将文本资料导入其内部材料栏中（见附录F）。

（2）反复阅读并熟悉原始资料，对其进行"目的性抽样"

通过阅读来熟悉资料是分析资料的第一步。研究者需采取"投降"的态度，悬置自己的前设和价值观，与资料互动，并让资料自己"说话"（陈向明，2001：162-163）。在此阅读过程中，研究者"心怀"研究问题，将数量庞大冗杂的原始资料进行初步筛选，抽取那些能最有力地回答研究问题的资料（陈向明，2001：168）。同时，研究者还要对这些抽取出来的资料中重要的词汇、短语、句子乃至句群用黑体或下画线做重点标识。

（3）登录资料，寻找本土概念，建立初级编码，并将编码作为自由节点输入到N-Vivo中

资料登录过程是在反复阅读原始资料的基础上寻找有意义的编码、建立编码间联系的过程。例如，辛老师在访谈中提到，作为高校教师教育者要"有理论而且会研究，善于研究，善于抓住问题。我觉得我是善于捕捉问题的人。这个善于抓住问题可能跟我的理论功底有关系，我能抓住"。（XIT20130718）对于这一句群，在登录时以"理论功底、研究能力和问题意识"这样的初级代码进行编码。在登录过程中，寻找研究对象自己的"本土概念"也是建立编码的重要方式。本土概念主要是指研究对象在口头表达中反复使用的一些概念，它们是"用来表达他们自己看世界的方式的概念"（陈向明，2000：284）。所以，本土概念具有个性特色，表达了研究对象教育生活中有意义的事物或过程。质性研究正是通过研究个体或群体看待世界的方式，来诠释他们的心理和行为方式。例如，对于"一定要走到实践中去，走到教师中去。我不是说：走近教师，走进课堂嘛。一旦进去，就看到了真相，甭听他说，你就进去看，就知道怎么回事儿……我下去了，真正地走进了教室，走进了课堂，走近了老师，而且不是一次性的。需要一个 regularly，需要一个长期的，因为一次两次看不到问题"（XIT20130718）这段访谈片段，研究者用其本土概念"走近教师、走进课堂"作为代码对其进行标注。此外，辛老师多次提到，自己决心投入中小学外语教师教育事业中的"导火线"，是教研员惠老师曾对她说过的一句话："你们大学老师是天上的 what，中学一线教师是地上的

how"。这句话强烈地刺激了辛老师的"神经",让她意识到,"不食人间烟火"的高校科研人员"需要接地气",有必要走进一线教师的教学空间,了解他们的生活体验,并将自己的"学"以致"用",寻求"外部"理论知识和"内部"实践性知识的接口,弥合两者之间的沟壑。由此可见,这句话改变了辛老师的专业生活,成为这些年促进她心理过程转变的主要矛盾之一。因此,此处以"天上的 what 与地上的 how 之间的矛盾"建立初级代码。研究者基于这些代码在 N-Vivo 中创建自由节点,并利用这些自由节点对其他文本继续进行编码。同时,对资料中不断出现的新的意义单位或本土概念进行标注和登录,继续在 N-Vivo 中创建新的自由节点(见附录 F)。

(4)建立编码系统,并在 N-Vivo 中创建树节点

初步登录完成后,研究者对已有的初级编码(自由节点)及相关原始资料进行反复阅读和思考,寻找代码之间的关联。在不断比较和分析的过程中,研究者根据研究目的和概念框架对这些编码进行反复的整合、分割或修正,最终利用已有编码逐步建立初步的编码系统。例如,辛老师在访谈中多次提及,作为外语教师教育者,她积累了深厚的语言习得和教学的"理论功底",同时她需要长期"走进课堂、走近教师"以理解一线真实的教学实践,同时通过"反思和研究"的方式实现理论知识实践化和实践知识理论化。因此,研究者将"理论功底""理解实践"及"反思和研究"等初级编码纳入"理论与实践的互动"这一更上位的二级编码之下。考虑到作为概念框架维度之一的"教育专长的个体表现"与该二级代码恰好契合,研究者将其置于"专长表现"这一更为上位的类属之下。换言之,研究者运用归纳和演绎的逻辑思路,采用自下而上与自上而下的双路径来分析研究资料,逐步建立编码系统,同时在 N-Vivo 中创建包含若干层级子节点的树节点(见附录 F)。

(5)进一步对原始资料进行归类,进行类属分析或情境分析

在初步建立编码系统和树节点后,研究者继续利用 N-Vivo 的编码功能对其他原始资料进行归类,整合相同或类似的资料,并区分相异的资料,以不断充实或修正已有的编码系统(见附录 F)。然而,资料归类的标准不是绝对的、唯一的,存在人为因素和相对性,其主要有类属型和情境型两种方式(陈向明,2001:173)。前者基于"差异理论",认为社会现实是由相同或不同类型的现象组成;后者基于"过程理论",认为社会现实是由具体事件和过程组成(陈向明,2001:179)。研究者在将资料归

类的过程中，结合了两种方式。例如，第一个研究问题旨在描述和理解高校外语教师教育者教育专长的发展过程，研究以拓展学习理论为切入视角，对相关资料进行类属分析，即分为三个主题：①中介工具的分享与转化；②多重声音的协商与争论；③矛盾的生成与化解。每一个主题下的资料呈现过程性和动态性的特点，于是研究者对各个主题下的资料采取了情境分析，穿插叙事性描述，呈现该主题的内容。

总之，资料分析的过程是不断通过情境分析与类属分析进行概念聚焦的过程，也是一个反复阅读、归纳、演绎、分类、比较、整合的过程。然而，以上步骤仅描述了一个基本过程，在实际整理和分析资料时，这个过程是不断往复并演进的，研究者需对资料进行不断的诠释与再诠释。

3.2.6 研究效度、推论与伦理

学者对质性研究效度（validity）的准确含义众说纷纭，有的学者甚至认为效度不应被用于质性研究（如 Wolcott，2005）。但是目前，研究者达成的共识是质性研究需要检验其有效性，他们将研究效度界定为研究的真实程度。然而，质性研究关注的"真实"不是量化研究中的"客观真实的真实性"，而是研究者所看到的"真实"，以及他们看待事物的角度、方式和研究关系对理解这一"真实"所起的作用（陈向明，2000：389-408）。

在本研究中，高校外语教师教育者专长是由研究对象和研究者共同建构的，因此，研究的效度取决于：研究对象是否真正明白研究者的提问，是否愿意把真实的情况与研究者分享；研究者对研究对象专长发展的描述和理解是否和他们的真实想法和做法一致。本研究通过以下几种方式来检验数据收集和分析的效度（杨鲁新等，2012：173-183）。

（1）多类和多视角资料来源。本研究主要的资料收集方法是访谈、观察及其他书面文本和音像资料的收集。此外，研究还将结合主位和他位的视角，从研究对象及其合作教师和教研员的视角收集资料。

（2）成员核查（member checking）。即研究者在收集、整理及分析资料的过程中，时常会与研究对象分享初步成果，问询这些成果是否准确地反映了真实的情况。

（3）诚实详细的描述。研究者应尽可能透明、翔实地展示收集资料的过程、种类和数量，以及资料分析的思路。

（4）研究者的自我反思。研究者要不断地思考自己的背景、角色、固有的前见以及与研究对象的关系。

这些方式有助于未来读者根据这些信息来判断研究的效度。质性研究中的研究者作为主要研究工具，需对研究者的个人因素及其与研究对象的关系进行不断的反思，才能较为客观地对待研究者的主观意向，使研究发现更加趋向客观、严谨，更加逼近事物的本原，并为研究发现的可靠性提供保障（陈向明，2000）。然而，在实际的研究过程中，研究者体验到了"皈依者"和"火星人"（Davis，1973）等角色之间的张力，与研究对象辛老师的关系也经历了戏剧性的变化。这在第八章研究者反思中有更加详细的描述。

此外，有关案例研究的推论（generalization）也是值得关注的问题。有学者认为，案例研究的"代表性"是一个"虚假问题"，应该用"典型性"替代（王宁，2002：123）。通过对案例的分析性推理，研究者可达到揭示一类现象总体特征的目的，然而具体推广到谁，就由读者"接力"完成（赵明仁，2009：110）。质性研究的推论更关注"顺应"的作用，即从案例得出的结论能够使读者不断修正和扩展自己的知识结构，而非量化研究将从样本得出的结论推广到整体的"同化"作用（陈向明，2000：418-420）。质性研究的推论包括：①认同性的推论，即读者在阅读研究成果时产生了思想上的共鸣；②理论性推论，即研究建构的理论具有一定的诠释性（陈向明，2000：101）。

关于质性研究的伦理问题，基于多位学者的建议（陈向明，2000；Tsui，2003；Christians，2005），本研究谨守研究伦理规范，以确保研究对象的权益不会因为本研究受到任何侵害。研究者采取的具体策略如下。

（1）自愿原则。获取研究对象的知情同意，并告知其本研究的目的与意义，以及研究过程中将涉及的责任和活动，避免欺骗，确保其自愿参与，并允许中途退出。在资料收集的过程中，访谈录音、课堂观察录像等资料的获取都征得研究对象的首肯。

（2）保密原则。使用假名，包括研究对象的姓名、所在学校的名称等，以保护其隐私和资料机密性。

（3）成员核查。为确保资料的准确性，每次整理和分析完资料后，都与研究对象分享成果，听取其建议。此外，研究中对相关情况的描述尽量做到客观中肯，谨慎或避免使用负面评价。

（4）互惠原则。与研究对象建立轻松、愉快、信任的互惠关系，尽量不侵扰研究现场以及研究对象的正常工作与生活。并且，在力所能及的范围内，为研究对象提供回报和便利，例如，为其查找需要阅读和研究的学术论文，与其分享成功的喜悦或压力所致的苦恼等。

3.3 小　　结

本章先对"拓展学习理论"的形成与发展脉络以及核心概念与思想进行了梳理，包括活动客体的转化、矛盾、最近发展区、跨越边界及多重声音等。这些理论思想为我们看待问题提供了新的视角，对我们"日用而不知"的事物"投上了新的光"（陈向明，2013c）。基于对这些理论思想和相关研究的梳理、研究者本人对专长的理解以及研究目的，笔者通过调整 Clarke 和 Hollingsworth（2002）的专业发展互动关联模型建构了本研究的概念框架，以统领研究资料的收集、整理、分析及阐释，引导本研究的研究发现对已有理论进行补充、完善或修正，或形成新的理论认识。

本章第二部分从研究问题、概念界定、研究方法的选择、研究案例及场域、资料收集与分析、研究的效度与推论，以及伦理问题等方面介绍了本研究的设计。本研究根据研究目的、文献梳理与研究者个人的旨趣提出了四个研究问题，并据此选择了质性案例研究路径，依据目的性抽样的原则，确定了以参与中小学一线教师学习活动的某高校外语教师教育者为研究案例。经过一年多在场域中的浸泡，研究者通过访谈、观察及文件收集等方式获取了丰富的研究资料，并通过反复阅读、归纳、演绎、分类、比较、整合等方式整理与分析资料，充实完善了最初的概念框架。研究者谨守伦理规范，并采取相应策略以保障研究效度等。

第 4 章　高校外语教师教育者专长拓展过程及影响因素

在当今社会的多元情境中，传统的知识传递式的个体学习模式受到了严峻的挑战，而活动拓展的过程和组织学习的过程成为关注点。换言之，关注学习的焦点不仅是层级性知识或技能的纵向传递，而是关注新的知识与实践在复杂多元的工作场域中的创造过程，学习的主体也从个体转化为群体和网络。因此，要理解高校外语教师教育者专长的本质，必然要探究该专长的发展过程。

4.1　影响专长拓展过程的因素分析

众多研究表明，专家须拥有若干年的实践经验。然而，拥有多年的领域实践经验并不一定带来出色的专业表现，从业年限的长短在预测专家表现方面已经被证明是一个失败的预示物（Ericsson et al., 2009）。此外，研究发现，在主体专长拓展的过程中，仅在日常工作中熟练使用某些技能并不能促进专长的提升（Ericsson, 2006）。那么，哪些因素影响了高校外语教师教育者专长拓展过程呢？本节采用拓展学习理论的基本分析单位活动系统作为分析框架，以解读影响高校外语教师教育者专长拓展的因素。该活动系统是一个分析群体实践活动的有用框架，它包括六个基本要素：主体、客体、中介工具、共同体及其分工和规则。在活动系统中，主体在中介工具的帮助下对实践实施改造或转化的行动是其核心内容，这些行动指向意向中的成果或目标。在本研究中，根据对资料的整理和分析，笔者认为高校外语教师教育者、区教师教研中心教研员和中小学英语教师三方的活动系统一起构成了一个基本分析单位（见图4-1）。

笔者将从几个主要影响因素——主体、客体、中介工具、实践共同体（涵括分工和规则）和社会文化情境等探讨高校外语教师教育者专长的拓展。

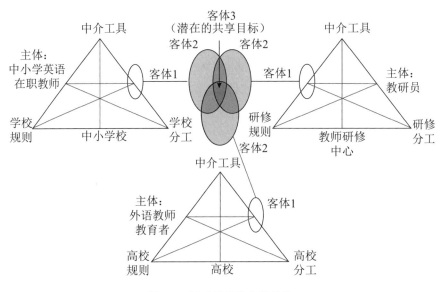

图 4-1 活动系统的分析单位

4.1.1 主体

在活动系统中,首先要关注的是作为活动主体的人——受目标驱动而行动的个体或群体。主体具有能动性,在与世界的主动交流过程中改变世界,也改变自己。因此,主体不是被动地汲取信息或知识,而是积极的,有责任的,拥有目标、信念、价值观的能动者。在本研究中,行动者包括高校外语教师教育者、教研员以及参与了研修活动的一线英语教师。他们三者原本来自不同的活动系统和共同体,如辛老师来自高校的外语教育研究中心,惠老师来自某城区教师教研中心,而一线教师则来自该区的中小学。然而,他们在各自不同的目标驱动下开展了一系列基于课例的研修活动,并创建了基于课例研究的新型活动系统(见图4-2)。在这个系统中,学习的主体从个体转向群体和网络。正如 Engeström(1999)所言,拓展性学习是"一种生产活动的活动,它的最终产品是一个客观的、社会化的、新结构的活动系统"。而这些行动者成为新活动系统中的核心元素,正是这些主体的先前经验、动机和目标、知识基础、身份认同以及真诚的参与,才促成了高校外语教师教育者专长的发展。

以下内容将基于对三者的访谈、观察和反思日志等,呈现对主要行动者的描述,简要地反映各主体的前行经验、知识基础、参与研修活动的动机和愿望、活动中表现出来的特征等。至于一线英语教师,因为人数众多,本研究仅选择两位参与课例研究的教师进行勾勒和描述。他们参与了课例研究全程的各个环节，并与高校外语教师教育者和教研员有着最亲密和频繁的互动与合作。

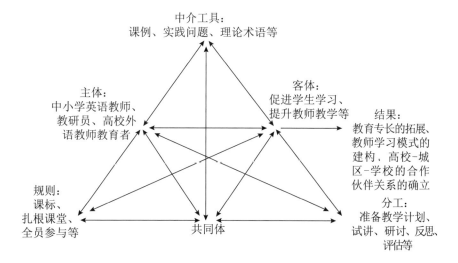

图4-2 新型活动系统

高校外语教师教育者辛老师现任某国家级外语教育研究机构的教师与研究员。回国8年来，她一直在思索如何将自己在国外的所学所得回馈给自己国家的外语教育事业。她觉得，接受了那么多年教育，有一种责任感驱使她想为国内外语教育做点什么。一次她开玩笑地对自己的先生说："我得活到100岁，要不读了那么多年的书，不多做点事太亏了。"2008年初，她开始投身于外语教育与教师教育事业。至今，她在这一领域的探索与实践已有6年光阴，用她自己的话说是"摸着石头过河，趟出了一条路来"。6年来，她坚持每周投入大量时间去中小学观课，积极参与并组织了一线中小学英语教师的教研活动。工作上的投入，曾让她一度疏忽了青春期的女儿，被女儿戏称为"奇葩妈妈"。然而，她的学科专业素养、热情、真诚与直言不讳的个性以及认真扎实的工作作风，使她逐渐得到了与之合作教研员与中小学教师的认可和喜爱。一位中学教师说：

人家说辛老师越来越像中学老师了，我觉得是对她这么长时间来辛苦工作的一个认可，也证明通过这么长时间的教研她已经深入了解了中学的工作实质性的东西，而且她说的很多内容确实解答了很多老师的困惑，触及了很多我们教学工作中的顽疾和弊端。（TIT20121212）

辛老师曾用"淡定"一词概括了一位高校外语教师教育者和研究者应

具备的品格。她说,"淡定"就是在这个纷繁复杂、欲望丛生的社会中能处事不惊,做好自己的事。Bereiter 和 Scardamalia(1993)也观察到专家表现中英雄气概这一特点。换言之,具有某种专长的主体即使暂时得不到社会的认可和奖赏,也会不懈地付出。在此,用辛老师喜欢的一首小诗概括她投身外语教育事业的旨趣和情怀:

你见,或者不见我,我就在那里,不悲不喜;你念,或者不念我,情就在那里,不来不去;你爱,或者不爱我,爱就在那里,不增不减;你跟,或者不跟我,我的手就在你手里,不舍不弃。(XOB20130718)

教研员惠老师具有英语专业本科学历,曾是某区高中阶段唯一的一位英语特级教师,在高中从事英语教学达 22 年之久。至今,她在区教师教研中心任英语学科教研员已近 10 年,对全区的英语教师和学校境况如数家珍,十分了解。作为教研员,她日常的工作包括组织教研活动(如教学计划研讨和指导研究课)、设计练习题和考试题、下校听课以及其他行政事务。惠老师丰富的实践智慧和话语使得区里的英语教师将她的指导当作教学研讨和改革过程中的"定心丸",由此可见一线教师对她的充分信任和信服。此外,惠老师真诚、干练、率直、敢说敢为,对英语教学有自己独特的见解,与辛老师的合作可谓"一拍即合"。在辛老师与她的第一次交谈中,她的直言"你们大学老师是天上的 what,一线老师是地上的 how"激发了辛老师作为高校学者的责任感及深入一线课堂的决心和行动。辛老师认为,惠老师成为她和中学一线英语教师之间的桥梁。一位参与了研究课的老师这样评价惠老师:

这种课型如果没有惠老师的肯定,就是说惠老师说行,咱们就这么上[才行]……其实,我觉得她给我挺大的支持。算是一种新的主张,就是公开课要做得实在一点,她整个导向给我一颗定心丸。(TIT20120920)

教师林丽拥有英语教育专业硕士学位,性格沉静,聪颖内秀,在该区一所区重点高中任教。在本研究进行期间,她教授高中一年级的两个普通班。她刚工作两年半,对自己的要求很高,努力上好每一节课,渴望提升教学水平。但作为新手教师,她有时感到力不从心,尤其是她的课堂气氛总有点沉闷。在研修活动中,她发言不多,但会认真聆听辛老师、惠老师及本校指导老师的建议,并能主动思考。她在公开课中的行为跟进,给了大家意料之外的惊喜。魏然老师和林丽在同一所学校任教，拥有十年教龄和硕士学位，是一位教学经验丰富的成熟型教师。她也是林丽入职以来的师傅。在林丽的眼中，魏然认真负责、平易近人，在教学方法和理念方面给了林丽很多帮助。魏老师经常细致地指导林丽备课，内容涉及教学的微观（如词汇教学）和宏观（如教案设计）等多个方面。在几轮研讨中，魏老师经常会质疑看似没有问题的问题，启发了团队的思考。辛老师认为：

> 魏然很擅长发现看上去微不足道，但实则关系很大的问题……她经常发现一些惠老师和我容易忽视的问题，如对教材和课堂的理解。（XRR20140124）

从以上简单的描述可以看出，作为主体的人是具有适应性的行动者，并具有实践性反思和建构知识的内在机制。在本研究中，行动者背景和经验的不同导致他们在研修活动系统中的行动目标、学习内容以及在共同体中的角色都有所不同。但是，高校外语教师教育者、教研员和教师作为学习的主体从个体走向共同体，在活动拓展的过程中都逐渐从"边缘参与"走向"合法参与"（Lave & Wenger，1991）。同时，这个共同体在工作场域创建了新的活动系统，合力促进了高校外语教师教育者教育专长的拓展。

4.1.2 客体

与传统的学习不同，拓展性学习活动的客体是事先未知的、不断衍变的。Engeström（2001：136）认为，活动客体是一个移动的靶子（moving target），而不是在意料之中的短期目标（conscious short-term goals）。客体包含了两层含义，它是自成一体独立存在着的、将改变主体活动的目标，同时，其具体的意象却是主体活动的产物或成果（Engeström，2010：76）。Wells（2000：16）也提到客体的双重意义（dual meaning），认为它既是指导个体行动的目标，也是通过行动对客体的改造结果，并且结果是逐渐浮现的（emergent），而不是现成的、可见的。换言之，在活动系统中，主体实施的行动指向特定的客体或对象，并最终将其转化为有形或无形的结果。

Leont'ev 在其研究中发现，由于在集体活动中存在着劳动分工，这种分工会造成集体活动和个人行为之间的差异。因此，他将活动系统分为 3 个层级：活动（Activity）、行动（Action）和操作（Operation）（见图 4-3），各层级分别受到最终成果、具体目标和特定程序的引导（Engeström，1999）。如第三章开篇所述，Engeström（1999）进一步丰富了这一理论，他将活动从单一活动系统拓展到不同活动系统间的网络。他认为，拓展性学习实际上是一个将个体与团队活动拓展为网络活动系统的过程。表 4-1 概述了三方主体共同形成的新活动系统的 3 个不同层级及其客体/目标。

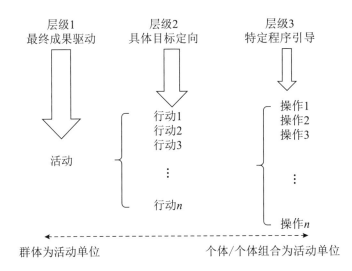

图 4-3　活动分层

表 4-1　活动系统的层级及其客体/目标

层级 1 活动	层级 2 行动 （以高校外语教师教育者行动为主线）	层级 3 操作
多方参与的在职中小学英语教师学习活动 最终成果： 1）高校—城区—中小学三方合作伙伴关系 2）以课例为中介的在职中小学教师学习模式的创建 3）主体——教师、教研员、高校外语教师教育者多方专长的发展 4）教学的改进和学生学习的发生等	1. 走进课堂，走近教师 具体目标：考察现实情境和人脉、组建教师研修团队、明确总体任务等	场域观察 访谈 听课 评课 非正式交流
	2. 教师自愿研讨小组 具体目标：了解教师的需求、共同探讨教学问题、提升教师的教学理念和方法等	建立小组 确定研讨主题 讲座 讨论 教师实践新理论 教师反馈问卷 访谈 反思日志
	3. 短期教师培训 具体目标：提升教师教育理念、教学方法及研究能力	讲座 小组讨论 反思日志 访谈

续表

层级1 活动	层级2 行动 （以高校外语教师教育者行动为主线）	层级3 操作
	4. 以课例为中介的教师研修活动 具体目标：分享实践体验、解决课堂教学的实际问题、培养教师研究能力、维系及扩展实践共同体等	教学计划研讨 研究课试讲 研究课研讨 教师反馈问卷 访谈 反思日志 延后的教师课堂教学观察

客体的变化会使主体原有的专长失效，迫使主体不断调适已有专长，相应地发展多样性的解决方案。因此，高校外语教师教育者教育专长的拓展一定程度上取决于客体的多变性和复杂性。在活动系统中，主体行动者——一线教师、教研员及教师教育者操作着变化的客体，以获得活动的终极结果。在本研究中，辛老师在行动1阶段制定的活动总体目标是创建一线中小学英语教师学习的新模式。然而，教师学习的性质决定了辛老师需在行动中不断调整自己的具体目标。社会文化理论认为，教师学习不是知识的线性累加，而是在与情境和他人的交互中不断演化的社会建构过程（Johnson，2009）。教师学习的特性是由教师专业实践的性质决定的。Schön（1983）认为，和医学、法律、工程学等专业领域一样，教学专业实践的核心本质问题是情境的复杂性、不确定性和独特性。教师置身于一个不断变化的复杂领域。教学的这些专业特质决定了其专业知识必然镶嵌在复杂的日常专业实践之中，因此，教师学习应与日常的专业实践境脉紧密相联，其过程充满了复杂性、变动性。

正是客体的这些特性，促使高校外语教师教育者辛老师更加灵活地将知识迁移至日新月异、动态变化的情境中，更加积极地寻求以整体和多元的视角解读教师学习这一复杂现象，并且更加深刻而全面地思考并理解教师学习的内在本质。在为期三年的时间里，辛老师尝试实施了多种促进在职教师学习的模式，包括教师自愿研修小组模式、短期教师培训模式、课例研究模式等。其中，教师自愿研修小组模式是辛老师首次与中学英语教师"近距离接触"，这让她意识到：

这种自下而上的课程设计更能满足教师的需求，因为这些课程更加关注教学实践中出现的问题；对教育理论的诠释应通过教师熟悉的教学案例来实现，这样教师才能更好地理解教学理论，认清教学问题的实质。只有真正理解了教学理论，教师在教学实践中才能灵活运用教学理论，更加理性地处理教学实践中出现的各种问题。总之，教师自愿研修小组活动的开展让我深切地认识到，教师在职教育的本质是获得知识经验的"学"与进行行为实践的"习"相结合的学习活动，追求的是"知行合一"，即理论与实践的有机结合。（XRR20140124）

在参与活动的过程中，辛老师更新了自己对教师学习的理解。通过层级2的行动她发现，教师学习与日常的专业实践境脉紧密相联。然而，英语教师自愿研修小组是在教师业余时间开展的，这无形之中增加了教师的负担，而且参与人数相对较少。她认为，理想的教师教研活动应该面向更多的教师，融入教师的日常教学及研究活动之中。于是，辛老师决定将自愿研讨小组的活动镶嵌于教师日常的教研活动之中。在教研员惠老师的帮助下，教师自愿研修小组衍变为第四阶段基于课例的教师学习活动。该阶段的行动旨在解决课堂教学的实际问题、培养教师自主研究能力、更加紧密地维系并扩大实践共同体等。她这样说：

在教师自愿研修小组活动的基础上，我开始尝试将活动融入该城区的统一教研活动，即研究者参加教师的集体备课、研究课等活动中，并主要针对具体的备课方案与教师现场交流教学理念和教学方法。这种方式能让教师更容易接受新理念和新方法，因为教师关注的是每一节课的落实方法，而不是与他们日常教学有距离的理念与方法。（XRR20140124）

由是观之，在不断加速的时代变革和发展的宏大背景下，着眼不具确定性的客体提高了主体在面对陌生情境时的灵活性和适应性。这在高标准化的环境中是很难实现的，因为高标准化意味着程序是固定的，主体只需要重复性地运行相同的程序，这样对客体的理解也就有限。因此，在多方合作的新型活动系统中，客体本身的不确定性和多变性对高校外语教师教育者专长的拓展非常重要。

4.1.3 中介工具

在人类行动中中介工具的介入具有革新意义，它使活动分析超越了笛卡儿个体和无法触及的社会结构之间的界线（Engeström, 2001）。换言之，中介工具使主体对客体的认知与转化变得更加便利、有效和优质。中介工具包括三类：文化制品和活动、科学概念及社会关系（Johnson,

2009)。本研究的活动系统也涉及各类中介工具。这些中介工具为主体高校外语教师教育者在与其他主体合作互动的过程中促进了客体之一——高校外语教师教育者教育专长的生长与发展。

在本研究跨越的时间段内，主体行动者使用过多种多样的中介工具，在此将这些中介工具按照其属性和功能分为两类（刘学惠，2006）。第一，按照属性，中介工具可分为：①硬件工具，如电脑、电话、纸笔等；②软件工具，如教案、PPT课件、教师学习资料、邮件等；③抽象工具，如课例、课堂教学问题、教研员和教育者的口头点评、理论术语或概念等符号工具。第二，按照功能，中介工具可分为：①交流工具，如电话、互联网等；②思维工具，如反思日志、理论概念等；③课堂研究工具，如教案、PPT课件、课例、教学案例等；④后勤保障工具，如电脑、研讨教室等。

本节聚焦教师学习活动中课例这一关键中介工具。在表4-1显示的层级2行动阶段的后期，辛老师开始不断调整她与其他教师的交流内容和方式。随着与中小学英语教师的深入交流，辛老师深切地认识到："纯理论的介绍无形中拒教师于千里之外，让教师难以消化，也容易忘却。"于是，她放弃了传统的说教式讲座，立足于课堂，采用了以课例为中介的教师研修活动。因为，只有将语言教育理论置于鲜活的教学实践中，理论对于教师才不再是遥不可及的"星空"，而是实实在在的"大地"。在点评教师准备的课例教学设计时，辛老师渗透了教学理论的讲解，目的是让教师不仅"知其然"，更"知其所以然"。并且，她在区里已有的教师研修活动基础上协助建立了教师实践共同体，目的是帮助更多的教师提高教学效果，实现专业发展。她越来越清楚地认识到了外语教学理论与中小学实际英语教学之间的差距，增强了理论与实践互化的意识。她不断接受教师们的挑战，并寻求理想与现实之间的平衡点。

在高校外语教师教育者、教研员及一线教师的合作互动过程中，以及在建构的新型活动系统中，课例起到了至关重要的中介作用，由此也促进了教育者专长的发展。课例基本能够如实地再现课堂情境，帮助主体对课堂上教师的言行及学生的反应产生直观的认识和理解，促进主体的反思以及实践与理论的互化过程。此外，以课例为中介的活动聚焦了教师在教学实践中遇到的实际问题，开阔了教师、教研员和高校研究者的视野，以共同商讨教学问题的解决办法，通过对话，分享观点、相互学习，获得了共同成长，增强了共同体的凝聚力。

在一次研讨教案时，辛老师感叹，英语教师在职前师范教育中未能充分利用课例的中介作用：

可能是教学方法的问题，[也]可能是教授教法的老师没有到中学来听过课，或者没有听很多。那么，在讲的时候就没有鲜活的例子给学生。就是以课例为载体深入浅出的方式，通过每个课例来展示教学理念应该怎么去应用。（XOB20120424）

辛老师指出，在职前教育中教授的各种学习理论，很少能够和教师日后面对的教学实际问题发生联系。Darling-Hammond（2002）批评说，职前教育受制于多个因素，包括教学内容碎片化、不成体系，学生教师缺乏实际教学实践等。辛老师说："教学法像口口相传的民谣一般被传输给了学生，却无人提供机会来使用或验证其科学性或有效性。"基于课例的在职教师研修活动使原本抽象难解的理论概念变得直观易懂，弥补了教师所受职前教育中的缺憾。

本研究中，不少教师认为，由辛老师参与的基于课例的教学设计研讨常常能给他们很多启发，他们开始结合自己任教班级学生的实际情况，不断地进行教学改进。在一次研修活动中，通过对具体课例设计的分析，一位教师完善了先前的教学设计，她说：

让学生出声，这一点我觉得……虽然以前也有，但是没有这么强烈的意识。通过辛老师在这个活动上的倡议，这一点对我来说，应该对所有学校的老师来说，都很有启发。（TIT20120607）

此外，这个课例还启发她，教师并不需要将教案设计得太细，对课堂控制得太僵化，而应该相信学生的能力，并创造让学生自主学习的机会：

原来的传统可能是老师讲授得特别多，本来我第一稿[教学]设计思路有归纳[语法点]，哪些动词可以后面加过去分词做宾语补足语。后来我干脆把那个都删了，就让学生自己去发现，过去分词表示被动或完成。（TIT 20121210）

在改进过的教学设计中，这位教师把内化知识的机会交给了学生，并开始注意将课堂的主导权让还于学习者，给予他们更多自由进行自主学习。辛老师曾在讲座中向教师们介绍了"增强学生控制"的理念。她解释说，教师赋予学生越多自由，学生的发展空间就越广阔。教师控制和学生控制呈现负相关。教师控制越大，学生控制越小，反之亦然。教师需要慢慢增强学生控制，培育独立的学习者。从上面这位教师的例子可以看出，通过课例的分析和实施，辛老师使教师理解并实现了以学生学习为中心的教学理念。

由此可见，课例作为中介工具为辛老师发挥自己外语教师教育者的专业引领作用提供了平台或契机。在基于课例的教师学习活动中，辛老师进一步了解到一线教师真实的教学体验和面临的挑战，历练了自己分析、评论和解说教师教学行为的能力。此外，以课例为中介工具的教师研讨为高校外语教师教育者创造了一个"理论实践化"和"实践理论化"的契机，使她与区教师研修中心及中小学建立了密切合作、互相信任的关系，提升了其服务于基础外语教育的能力。

4.1.4　实践共同体

基于社会文化理论，Lave 和 Wenger（1991）提出了实践共同体的概念，即"一个群体怀有同一个关切、一系列共同的问题，或者对同一个话题产生兴趣，并通过不断交流来增加此领域的知识和专业素养"。实践共同体具有三个特征：①共同体成员有共同的兴趣领域和专门知识；②共同体成员常参与共同活动，彼此之间建立了相互学习的关系；③共同体成员从事实践活动，有共享的实践经验和谈论问题的方式。

根据该界定审视本研究中由三类主体——教师、教研员、外语教师教育者形成的教师研修群体，作者可以发现该群体明显具有实践共同体的特征。第一，小组成员都属于同一个学科领域，虽然他们来自不同层次的教育机构，但他们具有相近的学科基础。第二，他们基本能够每周定期举办研修活动，通过讨论、观课、试讲等多种形式互相学习。虽然，这些行动者来自不同的实践共同体，如高校、区教师教研中心与中小学，但他们通过互动、协商与协作，分享共同的目标和教学实践经验，形成了一个新的实践共同体。换言之，来自不同活动系统的主体通过拓展学习突破了个体与共同体互动的局限，形成了活动系统之间的互动，实现了知识在不同系统间的拓展，是一种横向的学习。辛老师反思了共同体能得以发展的基础：

共同体成员之间的反思性对话、提高教师教学能力和学生学习效果的共同目标、合作与分享、信任与尊敬、实践与理论点拨以及支持性的领导力。（XRR20140124）

在活动系统中，与"共同体"相关的要素还有"分工"与"规则"。

一个成功的共同体离不开其成员的责任分工和共守的规则。"分工"即为共同体成员要各自承担一定的责任，完成特定的任务，这既包括成员之间横向的任务分配，也包括其间纵向的权利关系（Engeström, 1999）。高校外语教师教育者辛老师负责提供学习材料，倾听教师的困惑，审阅教师教案，提供解决问题的方案，解释新理念，观摩教师试讲，以及评估教学实践等；教研员惠老师负责活动后勤工作，与辛老师协作指导教师学习，以及在教师和辛老师之间起到上情下达的作用等；教师的分工主要是准备教学计划，分析教学问题，思考教学理念，通过试讲和公开课实践新的理念，以及反思教研活动等。

"规则"是指维系共同体的一系列显性或隐性的原则和规范。在辛老师参与教师研修活动的初期，即教师自愿研究小组的行动阶段，小组活动秉承"自愿参加、自愿实践、自愿反思"的原则，而此时隐性的规则是教师、教研员、教师教育者之间需彼此合作、协商并相互理解和信赖。在后一个阶段，即基于课例的研修活动中，成员需要自觉遵守的明确规则有：按时参与，不缺席；按时填写反馈问卷或提交反思日志；完成教学设计或试讲任务等。

此外，本研究还发现，共同体所持的价值观也是一个不容忽视的要素。如果共同体以追求"理解、批判和革新"为目标，那么它会要求成员积极尝试、理解各种知识的情境适用性，大胆探索新的问题，提出新的解决方案。辛老师就曾提到以课例为中介的教师研修活动：

> 需要研究者（或教师教育者）长期投入，并且忍受见效慢的事实。在与教师交流的过程中，可能会出现很多研究者意想不到的问题。例如，教师可能会同意研究者介绍的教学理念和教学方法，但是却会以中高考要求高或学生水平差为理由来抵触或挑战那些符合学习规律的理念和方法。面对教师的挑战，教育者需要认真思考如何与教师对话，如何用教师能接受的方式去阐释新理念、新方法，这需要教育者的耐心和智慧。（XRR20140124）

这样，置身于共同体的行动者无疑会受到这种价值观的激励。如果一个共同体关注的是"技术理性"层面的效率和结果，那么这份"长期投入的耐心和智慧"往往会被认为是无关紧要的，甚至无益于提高绩效，导致主体的急功近利。

Lave 和 Wenger（1991）指出，在实践共同体活动中的投入不仅为边缘成员提供了学习机会，而且也为核心成员或专家成员提供了学习机会。与共同体成员的积极互动、协作、会话支持了外语教师教育者专长的发展。通过互动和协作，主体的一些内隐性的、个体的知识会显现出来，从而为主体提供了一个听取意见、检验观念以及改变观念的机会。主体需要主动寻求并利用与他人交流、互动的机会，使自身更具交互性和协作性。辛老师坦言，自己从共同体的其他教师身上学到了很多，尤其是培养了理论实践化的能力。例如，在实践共同体形成的初期，辛老师对一线外语教育的思考非常"理想化"，让教师觉得"不接地气"。然而，区教研员英老师很快观察到了辛老师在实践共同体活动中的变化：

后来到第二次、第三次，我觉得辛老师调整得很快……她后来再去讲的事情没有那么 ideal（理想化）了。当时我第一次去听的时候，哇，这么 ideal 啊，完蛋了，我的课用不上。当时真的很绝望，就这么 ideal，我们的学生都这么美好了，我们还上什么课啊，直接上大学吧。……这两次以后，我发现教授调整得很快，她给我的东西更能适应我们了。我可能再次改良一下，很好用，很舒服。……要是不去交流，没有这些新鲜的东西进来，那就只有墨守成规了。（YIT20111130）

教研员惠老师也给予辛老师全力支持，在每次活动后都坦诚地与之交流在研修活动中讨论的内容或点评方式是否符合教师的需求。惠老师想改革日常教师研修活动效果的决心和对辛老师的接纳，促进了教师实践共同体的健康发展。此外，在该共同体中，不但一线英语教师获得了学习与发展的机遇，而且高校外语教师教育者和区教研员在紧密合作过程中也都受益匪浅。因此，辛老师更加了解一线英语教学的实情与教师学习的需求，教研员也提高了自己的理论素养，两者都提升了自身为教师提供专业引领的能力。

4.1.5 社会文化情境

在社会建构主义看来，个体是在特定社会文化情境中，通过与他人的对话互动，来建构个体的身份与知识。主体达成目标的过程不能脱离历史条件与社会情境。顾佩娅（2009）强调，要理解我国的教师学习和教育实践，当务之急须了解我国社会文化情境的特点和影响力。因此，外语教师教育者教育专长的发展也须考虑现实教育情境的影响。教育部公布的统计数据显示，我国中小学英语教师人数约为 115 万人。这些基层的英语教师支撑着世界上规模最大的中小学英语教育。因此，我国也是世界上教师在职教育任务最繁重的国家之一。

随着我国基础教育课程改革的不断推进，教师在职教育受到政府和教育界高度的支持和关注。从20世纪90年代以来，我国已相继开展了骨干教师培训、新课程培训、贫困县教师培训以及全员培训等多种在职培训项目。2010年中共中央、国务院颁布的《国家中长期教育改革和发展规划纲要（2010—2020年）》明确提出："要加强教师队伍建设、教师职业理想和职业道德教育，增强广大教师教书育人的责任感和使命感。"要通过"完善培养培训体系，做好培养培训规划"，以达到"提高教师专业水平和教学能力"的目的。为此，教育部、财政部从2010年起启动了"中小学教师国家级培训计划"（以下简称"国培计划"）。

在此情境下的诉求促使本研究的主体高校外语教师教育者辛老师，在中小学的实践前沿创建了新的教师学习模式，同时也促进了其教育专长。她在研究报告中指出：

我们国家每年花费大量的人力、物力和财力组织教师进行在职教育，但培训的实际效果却往往不尽人意。一方面，中小学英语教师常常感到培训不能解决教学中的实际问题，理论虽好，但是不知如何落实到实际的课堂教学中；另一方面，高校教师教育者常常感叹自己的培训理念和精神得不到较好的贯彻执行。因此，怎样提高教师在职教育的实效性，如何才能找到一条打通高校与中小学合作的渠道，是我近五年来一直在思索的问题。（XRR20140124）

她认为，我国现行的教师在职教育，在制度健全、体制完备以及教学内容的改革方面还有待进一步完善。现有教育方式基本上还是沿用理论灌输式的培训，存在着"重理论，轻实践；重传授，轻反思；重专家教授，轻自身经验；重培训机构，轻基层学校"的误区（杜静，2010：3）。一些常见的教师在职培训很难把握教学专业实践的核心，因为培训远离了教学专业实践的真实情境，以讲授式为主要的知识传授方式，以教师教育者和培训内容为中心，而将受训教师看作被动的知识接受者。此外，承担教师教育者角色的通常是教育理论研究者，他们虽然拥有教育教学的专业理论知识，但对特定的专业实践、教师的个体需求缺乏认知，难以弥合理论与实践之间的裂缝。由此，教师大多是获得了一些片断的观念、理论抑或概念，但对教学仍然缺乏深刻的、一致性的理解，对如何有效地改进专业实践依然感到困惑。因此，这样的现实境况让辛老师决定"走进课堂，走近教师"，以真实的课例为中介，通过与教研员和教师等多方合作，创建中小学英语教师队伍与教学发展的新模式。这样特定的社会文化情境也促进了教育者专长的拓展。

4.2 专长拓展过程

本节将呈现高校外语教师教育者教育专长是如何在主体共同打造教师学习新模式的过程中，通过中介工具的分享与转化、多重声音的对话与协商，以及矛盾的生成和化解得以拓展的。

4.2.1 中介工具的分享与转化

中介工具是活动系统的关键要素。个体通过使用工具建立了共同的实践模式，同时拓展了共享的思维方式，进而逐渐形成实践共同体（Wenger，1998）。本研究中外语教师教育者专长的发展是跨越情境横向学习的过程，是主体进行已有中介工具的交换，并生成新型混合工具的过程。

在本研究中，来自不同共同体的主体在客体导向的行动中分享了各自的工具。中小学教师带来了他们课堂里的教学问题、教学活动设计、PPT课件甚至整节鲜活的课例；教研员提供了研修的时间计划和场所，以及对所有教师和所在学校的深度了解；而高校教师教育者则带来了许多教师闻所未闻的二语习得理论、教学法、相关学术文献、教师研究的方法和手段等。下面这段情境分析将描述主体间中介工具的共享如何生成新的中介工具并促进教师教育者专长的拓展。

在辛老师正式踏上了在基础英语教育领域中"扎根课堂、教研一体"的征程后，她第一阶段的行动主要是采取了教师自愿研修小组的形式（表4-1中层级2行动）。来自某城区10所中学的18名英语教师和3名高中英语教研员自愿参加了该研修小组，共进行了10次研讨。研讨主题都由教师提议，主要涉及在其现实课堂教学中学生学习的困难或自己教学的软肋。在研讨过程中，辛老师提供教学理念和方法，教师们提供自己的教学案例。

在第一次小组活动前，教研员惠老师将最令教师们头痛的教学难点——语法教学——拟定为研讨主题。例如，一位小组成员，也是一位入职不久的新手教师，发现很难将以前学过的教学理论应用到教学实践中。她自认为采用了交际教学法，但在实际教学过程中她还是偏重语法规则的讲解，让学生做大量的语法习题。她对自己的语法教学并不满意，不得不承认现有教学方法与自己信奉的交际教学法原则相去甚远。她在反思日志中写道：

我没有给学生提供合适的语境来更好地理解和熟悉语法规则。这使语法学习很枯燥。教学并没有像我期望的那样顺利进行。每次上完课，我都感到很沮丧。（TRJ20120920）

显然，这位老师已认识到自己语法教学中存在的问题，但却苦于没有找到可行的解决方案。于是，教师关于语法教学的普遍困惑就为第一次小组研讨提供了抽象的中介工具，并且，教师通过教研员惠老师将这个工具与辛老师分享。

在第一次小组研讨中，辛老师给小组成员们介绍了美国应用语言学家Larsen-Freeman（2001）提出的"语法技能（grammaring）"这一概念，并详解了其内涵，即语法教学应同时关注形式（form）、意义（meaning）和使用（use）。她说道：

语法教学不应仅停留于给学生灌输各种语法规则。即使学生知道了这些语法规则，如不能在语言交际活动中运用这些语法规则，这就意味着教师还没有真正完成自己的使命。语法教学应该注重语法技能的培养，教会学生能够运用语法规则流利、准确、得体地表达他们的思想和观点。（XRR20140124）

为了实现这一目标，辛老师给教师介绍了有意义的句型操练教学方法和案例，如字母诗（alphabet poems）、结构诗（stem/frame poems）和原创诗歌（free poems）等。诗歌中的句式重复有利于加深学生对句法结构的印象。这种学习活动摆脱了传统语法练习形式的单调，可以调动学生的积极性，激发学生的创作潜能和语言学习的热情。听完辛老师的介绍，教师感到震撼，他们没有想到语法可以如此"诗情画意"。一位教师在反思日志中提道："通过第一次辛老师对语法教学的诠释，我获得了一种全新教学的思路。"由此，辛老师与参与小组研讨的成员分享了教学理论和方法的工具，并且鼓励教师在自己的课堂教学中大胆地使用甚至改造这些工具。

在接下来的小组研讨中，辛老师鼓励那些已经行动的教师展示自己的课例，介绍他们的教学设计，分享他们的实践心得。在第四周的活动中，辛老师邀请到四位教师介绍他们的语法教学创新实践。前面提到的那位新手教师非常认同"语法技能"理念及实践方法，在随后的教学中很快就进行了尝试。该次尝试让她领会到了诗歌的魅力。在评阅学生作业时她惊讶地发现，学生不仅运用了刚刚学过的语法规则，而且思想内容丰富，充满着想象力和创造力。在分享体验和学生成果时，她激动地说：

这就是他们第一次写的。其实，我本来没想到学生能写得这么好，因为我给他们看的那首诗是我大学时写的。结果发现高一学生比我大学时写的还好……我就发现好多学生，基本上班里好一点的学生，对这个定语从句都会用了。稍微个别会出现错误，但是大部分都是正确的……（TOB20121226）

这次诗歌创作尝试的成功激励她继续践行"语法技能"理念。在学习"be+动词ing表示将来行为"的语法点时，这位新手教师决定再一次采用诗歌形式，她介绍说：

第一步就是给他们（学生）一些问题，这些问题都是用be+动词ing的形式。让学生熟悉这种形式，用这种形式来回答，让他们知道be+动词ing的作用，是表示将来。然后，第二步是让他们总结规律。第三步还是诗的形式，我自己写了一首小诗，就四句话。然后，我就说，你们"十一"假期要出去玩，就仿照我的模式，用be+动词ing。因为，我觉得在这里面，be+动词ing里的动词还是比较有限的。所以我说你们要注意后面的动词押韵，基本上合情合理就可以了。（TOB20121226）

显然，这次她采用了隐性语法教学，给学生创造了自己发现语法规则的机会，并且通过诗歌的创作让他们学会应用这些规则。这个教学环节的设计将语法规则的意义、形式和使用有机地结合起来了。很多学生都写出了措辞讲究、饱含激情的诗歌。

通过这两次的尝试，这位新手教师认识到在实际教学中落实"语法技能"的可行性。因此，除了继续采用诗歌创作的形式，她还不断探索了新的教学活动。例如，在复习定语从句时，她给每位学生一张卡片，上面写有一个名词。然后，她请其中一位学生用定语从句来解释卡片中的单词，并邀请另外一位学生猜词。所练习的单词都是该单元的重点词汇。显然，该任务既帮助学生复习了语法点，又促进了学生单词的记忆。

运用"语法技能"理念后，这位原先"沮丧"的教师发现学生对英语

语法学习越来越感兴趣了,而且考试成绩也有所提高。在访谈她的一名学生时,这位学生说道:

> 我喜欢这种作业,写诗或故事,我觉得有点痛苦但也很快乐。我觉得这应该是最好的方法。如果不用这种方法,可能也不知道自己用的语法对不对。我觉得可能一个句子单抽出来,怎么写都对,但是放在文章里可能就会觉得不确切。(SIT20121228)

由此可见,教师在实践中不仅能够充分利用辛老师分享的中介工具,还在此基础上将已有工具转化为更适合自己教学情境的教学工具,创造了新的实践性知识。同时,在与教师分享和转化中介工具的过程中,辛老师了解了一线教师的困惑与需求,提升了将学术理论转化为成功课堂实践的能力,为她今后的外语教师教育活动提供了成功的教学案例,丰富了她的资源库,促使她更进一步地思考理论和实践如何互动。

这样的例子在本研究收集的资料中屡见不鲜。例如,在行动阶段3,多位教师与辛老师分享了他们的教案。同时,辛老师逐步与他们分享了自己积累多年的外语教育理念,如"教学有法,教无定法""读写结合""教材为我所用""回归语言学习本质"以及"增强学生控制"等,旨在帮助教师从本质上改进课堂教学的设计。这些情境都显现了主体间分享并转化彼此中介工具的过程。由此可见,教师教育者专长的拓展是横向学习的过程,是源于不同活动系统的主体之间进行已有中介工具的互换和分享,并生成新型混合工具的过程。

4.2.2 多重声音的对话与协商

以上分享中介工具的过程包含了主体多重声音的对话与协商。Bakhtin(1982: 300)提出,社会话语是一些"言语—意识形态系统(verbal-ideological systems)",为人们提供了将这个世界概念化的语言形式,以及包含独特客体、意义和价值取向的特定世界观。换言之,个体的话语总是表达着某种观点和价值观,并且这种表达是在对话中完成的,各种不同观点的话语会共同构建一个充满张力的公共话语空间。一个活动网络总是包含多种持有不同社会话语形式和观点的主体与共同体。这些来自不同活动系统的社会话语之间的对话与协商构成了"多重声音"。

多重声音在观点上的差异导致了主体间不断的协商和适应。教材作为教师教学活动中的主要中介工具,不仅为教师提供语言教学的内容,还承载着社会文化价值观。在一次课例研究的讨论环节,辛老师提出,许多英语教师被课本束缚,使他们为学生选择优秀文本和整合教学资源的能力退化,尤其是在阅读教学中,这一问题显得格外突出。良好阅读材料的缺失会造成语言输入和输出的链条断裂。于是,辛老师直接建议教师"放手教材,大量补充阅读材料"。

然而,在随后的反思日志及访谈中,教师发出了不同的声音。一位高中教师认为,现有教材并不能完全激发学生的学习兴趣,而且其中的语言也缺乏真实性,教材的这些局限性是制约教师发挥的重要因素之一。

> 辛老师批评我们区老师都不敢抛开这个课本……那我也得承认,是不敢抛开。……就完全是我自己,找有意思的材料,就这样上去,谁敢啊?反正我不敢。还是有点儿矛盾在里头。(TIT20121213)

还有一些教师在反思日志中坦诚地道出了对辛老师建议的质疑:

> 我不能完全认同辛老师所说的,放手教材的学习,而大量地补充阅读量。我们的教学对象还是有认知能力上的差别的,不管是多好的学校,还是有少量的学困生。我们对他们也要关注……(TRJ20120912)

> 今天第一次聆听了辛老师的讲话,当时会有一种不实际、不符合、做不到的想法,所以老师们都在议论,听了那么多有种头大的感觉。静下来想一想,其实辛老师说得挺好的,而且她的有些想法我们也在尝试使用。她认为的优秀课堂,老师们何尝不是呢,但是一线老师却有更多的顾虑。(TRJ20120912)

> 听过辛老师的一番见解,我个人的第一感觉就是:教授的观点和看法的确是有道理的,但是,貌似教授选错了倾诉对象……作为一线的任课教师,完全抛开教材内容或是在很大程度上将教学侧重点从教材文本中转移出去,坦白讲,这是超出我们能力范围的。(TRJ20120912)

辛老师仔细地研读了这些教师的反思日志,并反复聆听了对他们的访谈录音。教师的这些反馈和顾虑促使辛老师反思了自己与教师交流的话语方式及内容。她逐渐意识到,给教师介绍新理念必须切合教师的实际需求及各校的具体情况。为了帮助教师更好地使用作为学生语言输入重要来源的教材,辛老师给他们介绍了文本分析(text analysis)的概念,并带领教师对教材中的文本进行了体裁分析(genre analysis),如记叙文、说明文、议论文、游记等。并且，她改变了话语方式和内容，提出了教材的全局规划观念，鼓励教师跳脱教材的限制，成为课程的设计者，改善对教材的利用和教学效果。她说：

我观察到一些老师盲目地教课本，经常是"吃完上顿，才想下顿"，缺乏对教材的整体把握，缺乏对不同单元之间内在关系的理解，更像是教材的"奴隶"，而非教材的"将军"，没有很好地做到将教材"为我所用"。（YRJ20121126）

基于2011版小学英语新课程标准"丰富课程资源，拓展英语学习渠道"的基本理念，她还鼓励教师充分利用教材但不局限于教材，合理开发新的资源，优化语言输入的质量：

[教师]可以做教材的主人，积极创新教材使用方法。如果对教学大纲和教材真正了解，是可以做到驾驭课本的。这需要老师去整合现有教材和自己积累的材料，从学生学习需求出发……（YRJ20121126）

同时，她也为教师提供了课外资料，以弥补教材语言输入的不足。在共同体中，通过这样的对话、协商及资源的共享，教师开始认同"基于教材、超越教材"的理念，并在实践中合理地补充教学资源，扩大课堂信息量，以提高学生的视野与文化意识。那位最初抱怨"教授选错了倾诉对象"的教师在一节公开课上尝试开发了各种超越教材的教学资源，课后他说：

从教材资源到网络资源，从教师资源到学生资源，本节课充分开发和利用了所有能够用来为课堂教学活动服务的一切资源，一下子使授课变得充实了很多。（TRJ20130313）

由此可见，在本研究的横向学习情境中，高校外语教师教育者和一线英语教师之间社会话语的协商为两者跨越彼此的边界、相互理解提供了助力。社会话语也是专业身份建构的资源。专业人士使用的话语塑造了他们从事某种工作并区别于其他专业和外行人士的特定身份。例如，在本研究中一线英语教师倾向于使用源于体验和情境的实践话语，而高校外语教师教育者辛老师则更倾向于使用源自理论或研究但脱离情境的学术话语。所以，社会话语也造就了两个群体之间的边界。然而，两者通过多种形式的对话和协商，倾听彼此的声音，便跨越了边界。一方面，这样的对话和协商改变了教师对教学资源的认知和使用，并赋权教师，让他们成为课程的设计者和教材的主人；另一方面，高校外语教师教育者通过对话和协商听到了教师的多重声音，改善了研修内容和话语方式，拓展了其教育专长。

然而，并非所有的对话和协商都能生成这样成效显著的活动成果。在一次高考作文教学专题小组研讨中，辛老师邀请了一位拥有丰富语言教学和测试经验的高校同事和自己一起与教师进行交流。教研员惠老师先阐述并分析了几年来北京高考作文低分的现象。她说：

很多老师认为，自己再努力教学生写作，也不能改变低分现状。学生作文主要存在两个问题：一是不能把握主旨，立意容易跑偏；二是语言表达能力匮乏，"车轱辘话来回转"。（HOB20120922）

她抛出问题：老师到底应该如何去教学生写作？

针对惠老师的问题，辛老师建议：采用读写结合的教学方法，以读促写，以写促读，通过各种形式的作文盘活学生在课文学习中遇到的词汇和语法，从而解决学生作文中词汇匮乏、句型结构单一的现状。

辛老师的高校同事则认为，改变考试题型是有可能的，但是非常难。因此，教师在日常教学中应该侧重于提高学生的写作能力，而且目标定位要高于高考平均水平。写作是教学效果的集中反映，学生应该学会写作（learn to write）。

另一位教师提出，写作对于学生来说是一种负担，学生"懒"得去写作文。这时，惠老师又指出一些教师在实践中也探索了多种方式来提高学生的作文水平，但是都难以坚持，困难很多。例如，学生学习英语的时间无法保证，还要与其他学科争夺生存空间，"一周有5节课，每次40分钟"。另外，在理科生中存在着严重的英语"瘸腿现象"，学生认为英语无法快速提升分数，因而更不愿意花时间去学习英语。

针对这种现状，辛老师又一次强调，最好的办法是充分利用课堂时间，读写结合，盘活学生的语言知识。她在高校的同事则提出，有效的语言学习需要语言输入，而且要让学生有意识地注意（noticing）语言的使用；学习是一个"慢慢来"的过程。因此，教师在课堂教学中要清楚"语言学习什么时候发生，什么时候不发生"。

在此次讨论中高校教育者、教研员和一线教师就如何进行写作教学最终并没有达成一致意见，讨论也没有任何显著成果。教师和教研员似乎觉得高校教育者和研究者的理论或建议并未给他们带来实质性的启发。因此，教研员惠老师随后指出，理论要与真实的课堂相结合，才能对课堂教学产生影响。一位教师调侃道，她非常期待"实践中的真知灼见 PK 学院派"。例如，高校老师和中学老师可以针对一个单元，分别拿出自己的教学设计，进行教学实践，并针对实践案例进行分析。然而，辛老师的高校同事认为，让大学教师设计高中英语教案并不合适，因为他们对高中学生并不了解。但是，这种研讨活动可以让多方受益，高中教师可以听到不同的声音，高校研究者也可以对中学英语教学有更深层次的了解。

以上主体之间的对话似乎是两条无法相交的平行线。尤其是有关"实践派 PK 学院派"的争论让辛老师思考：高校外语教师教育者在与教师交流时到底应采用理论话语还是实践话语？话语方式反映着思维方式，显然，在上面描述的研讨环节中，高校教育者这套话语明显带有语言教学理论话语框架的痕迹，如语言学习者的"注意"，而教研员的话语比较贴近教师的实践话语，如"车轱辘话来回转"。正如佐藤学（2003a）批判的那样：在教师话语中使用的专业术语越是泛滥，描述他们的实践话语就越是抽象，那么具体性就越是微弱，教师研讨教学就越是远离教学实况。Schwab（1978）主张采用具体的实践话语来解决课程与教学的实际问题，并建议采用"折中的艺术"（art of eclectic）对理论的弱点做出弥补。理论虽不能完全作为决策的基础，但对决策是有用的。"折中的艺术"意为运用取舍、择选、整合理论以解决实践问题。

通过这次貌似无果的对话和协商，辛老师意识到，在研讨中应减少教学理论话语的使用，采用贴近实际的实践话语来表达教师和教育者的所思所悟。同时，她并不放弃源于文化、政治和社会各个领域的理论，而是将其视为考察教学的多样途径，采用"折中的艺术"，综合地解决实践问题。基于此，辛老师没有局限于原有的教学理论，而是通过逐渐形成以广泛的理论知识为基础的"实践话语"，保证给予教师恰当的专业引领。由此可见，高校外语教师教育者教育专长的拓展是一个活动系统内部或活动系统之间多重话语和声音相互碰撞、协商、争论和交融的过程。

4.2.3 矛盾的生成与化解

在本研究中，高校外语教师教育者教育专长是一个不断拓展学习的过程，其间充满着各种矛盾和张力的较量，是一个由矛盾驱动的发展过程。这种矛盾源于历史积累起来的结构性冲突（structural tensions），通常表现为系统受到外部干扰并采用新办法来处理这种干扰的过程（Engeström，2010）。矛盾是活动发展的基本要素，是引发客体扩张的主要原因，是活动系统中不可缺少的部分。如将本研究中不断变化形式的教师教研活动看作一个拓展学习循环，则在不同阶段主要有四种形态的矛盾在推进活动，走向下一个行动（见表4-2和图4-4）。

表4-2　本研究活动系统中的四层矛盾

矛盾层次	研 究 发 现
初级矛盾	存在于活动系统的主体内部。高校外语教师教育者与一线的中学教师与教研员享有不同的知识基础和教育体验，导致活动系统主体间存在内部矛盾。例如，教研员惠老师认为，前者是"天上的what"，而后者是"地上的how"（图4-4中的1）
次级矛盾	存在于活动系统的工具和客体之间。在本研究中第二行动阶段的教师自愿研讨小组多以讲座的形式进行。其中，辛老师一开始灌输式的理论说教作为活动中介工具与"让教师学习发生"的客体之间产生了矛盾（图4-4中的2）
三级矛盾	存在于原有活动与更高级文化活动之间的矛盾。在本研究第三行动阶段有辛老师参与的课例研究活动中，教师在其原先的教学活动中产生的固有教学经验与新系统中重构教学体验之间产生了矛盾（图4-4中的3）
四级矛盾	存在于中心活动与邻近活动之间的矛盾。高校外语教师教育者参与一线中学英语教育的实践活动需要其投入大量时间和经历，这与高校这个邻近活动系统之间的规则（如学术研究成果要求和职称晋升的规定）之间产生了矛盾（图4-4中的4）

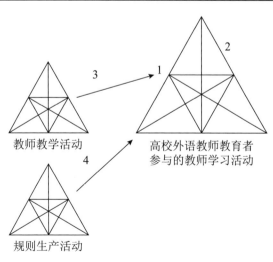

图4-4　本研究活动系统中的四层矛盾

（1）"天上的what"与"地上的how"之间的矛盾

初级矛盾是具有隐蔽性的主要矛盾，存在于活动系统的要素内部。在本研究中，一线中学英语教师与高校外语教师教育者都是合作教师学习活动的主体。在主体共同形成的新活动系统中，初级矛盾存在于这两类拥有不同的知识基础和实践体验的主体内部。一线中学教师在其学校场域中是教学行动的主体，处于"现实情境"之中，对于他们来说，实践处于首要地位。而来自高校的外语教师教育者是专业研究的主体，对于他们来说，理论是首位的。他们负责教育理论的建构、传授和诠释，而教育实践则是理论认识的起点、应用的对象或是检验的手段。因此，对于实践，后者似乎具有一种"超然立场"，往往是实践的思考者和旁观者。

一次偶然的机会，辛老师访谈了某城区教研员惠老师。当谈到大学教师在中学教师发展中的作用时，惠老师坦诚地指出："你们大学老师是天上的 what，我们中学老师是地上的 how。Please tell us HOW to do WHAT, not just WHAT（请告诉我们怎么做，而不是只告诉我们要做什么）。"惠老师的话非常形象地表达了中学教师对专家讲座"只停留在理论层面，难以实践"的看法。事实上，辛老师通过观察也发现：

> 中小学教研机构也经常以聘请高校专家讲座的方式来对教师进行培训，但这种培训往往以理论介绍为主，不贴近基础教学实际，一线教师觉得"空"而"泛"。有些高校老师虽从事教师教育研究，却不了解中小学课堂。因此，大学与中小学联系的链条十分脆弱。（XRR20140124）

多数高校研究者或教育者不甚了解中小学英语教师烦琐的日常工作，以及课堂教学的复杂性及不确定性。因此，他们在指导教学实践方面则常常显得力不从心，提出的解决方案往往让一线教师无法操作。佐藤学（2003b）指出，那些对于教育实践的复杂性与困难性缺乏了解的研究者，往往容易基于其理论研究对教师的教学实践做出脱离实际的建议与指导。由此可见，在本研究的合作教师研修活动中，原本来自不同活动系统的两类主体——高校外语教师教育者和教师身处"高地"与"洼地"的差异，导致研修活动系统中存在内部矛盾。

然而，正是这个初级矛盾促使辛老师思考："作为外语教育的研究者，我能为中学教师做些什么？"由此，这一"提问"也开启了拓展学习循环的第一步。具体而言，"提问"就是个体或集体对活动系统中已有的实践模式或经验的质疑、批评和抵制（Engeström, 1999）。接着，辛老师通过分析基础英语教育的现状发现，随着基础英语教育改革和英语新课程标准的推进，中小学英语教师面临着更大的挑战。虽然很多英语教师表示"知道"新课标倡导的理念,但是他们并不能将新课标理念落实于各自教学情境中。因为,任何一个学校都是一个特定的、具体的教育场景,是教师耕耘的田园和智慧提升的摇篮。教师就工作于此,成长于此,体验于此,也应提高于此。而理论只是一种普适的外在于教育实践的知识,不可能诠释所有教育情境中的具体困难与张力。我国现行的英语教师在职培训主要还是一种外控的理论传输型模式,疏离校本活动,缺乏对教师实践智慧的关照和提升。因此,辛老师提出:

应该有更多的外语教师教育研究者扎根中小学一线课堂进行研究,从"局内人"的视角探索基础英语教师专业成长的路径。……作为教师教育者,教育研究者应放下指导者的架子,走进课堂,走近教师,虚心学习教师的实践智慧,依据自己的理论修养与教师共同分析教学中出现的各种问题,从而获得共同成长。(XRR20140124)

与此同时,辛老师通过自己的方式去化解她与教师主体间的这个初级矛盾,踏上了在基础英语教育领域中"扎根课堂、教研一体"的征程:

为了使教学理论真正转化为课堂上的教学实践,我决定走进中学英语课堂,走近英语教师,开始了中学英语教学现状的观察阶段……作为全国教育科学"十一五"规划教育部某重点课题的项目组成员,我有机会对某城区某初中的英语教学改革进行考察,对初一、初二的英语课进行课堂观察共7节课,观摩点评学生的英语表演课2次,同时对参加课题项目的三位老师访谈了4次。在该中学的实地调研使我对初中英语教学现状有了比较直观的认识。(XRR20140124)

此后,随着辛老师"走进课堂、走近教师"行动的深入,被称为"天上的 what"的辛老师逐渐了解了"地上的 how",也逐步获得了一线教师的认可,于是在一定程度上化解了主体间的内部矛盾。

(2)理论说教和教师学习之间的矛盾

次级矛盾存在于两个或多个要素之中,是由于新的要素或影响因素的加入而导致的,例如,新的工具加入活动系统时就可能产生次级矛盾。合作教师研修活动的第二个行动阶段采取教师自愿研讨小组的形式。来自某城区 10 所中学的 18 名英语教师和 3 名高中英语教研员自愿参加了该研修小组。该小组的研修活动通常安排在该城区统一的教研活动结束后进行。根据教师的需求，研讨内容涉及语法教学、词汇教学、阅读教学、研究方法、教材文本分析、读写结合模式等专题。该活动的规则是教师自愿参加研修活动，并主动提供研讨主题。该活动的分工原则是：辛老师为教师成员展现新的教学理念、方法及案例；教师、教研员及辛老师共同讨论辛老师介绍的教学理念和方法与目前常规教学理念和方法之间的差异，以及如何实施新的理论；教研员安排具体的研讨时间和地点，提前为教师准备其他所需资料。

在教师自愿研修活动的过程中，辛老师尝试给参与研修小组的教师"灌输"最新的外语教学理念和教学方法。然而，她发现，尽管她尽量通过案例讲解新的理念，但教师和教研员们仍有"隔靴搔痒"的感觉。教研员惠老师说道：

她（辛老师）最开始也是给了一些理念的东西，完了也给了一些课堂上具体实施的东西。就像我刚才说的，刚开始的时候这个东西它有点不痛不痒。你说这些东西，它是一种纯属理论层面的东西，说真的能不能变成你的教学行为，可能不行。（HIT20120615）

此外，由于没有任何活动规则要求教师必须实践新理念，所以大部分教师并没有在教学中实践新理念。这一时期的活动未能如期达到促进教师学习的目标。换言之，脱离课堂教学的理论说教，即使包含在教师自愿研讨的活动模式之中，未能充分发挥教师的主体参与性，也未能促进教师学习。因此，理论说教与促进教师学习这个活动客体之间存在着不可无视的矛盾。

随着辛老师对教学实践的了解，她也开始转变与教师合作的方式，即从"灌输"到"共同探讨"问题解决的方案，从源于书本的案例展示到教师日常教学案例的剖析。为了进一步化解该矛盾，在第四个行动阶段中辛老师开始采用基于课例的研修方式，试图摆脱自己与教师之间"教"与"被教"的对立教育关系，共同研究语言教学。在与教师和教研员一起研究教师自己的课例时，她潜移默化地引领他们在教学中尝试新理念，并与共同体的其他成员分享，鼓励他们在不断的探索和试错中领悟新理念、掌握新方法。在共同体成员的共同努力下，把研修活动推进新的阶段，解决了次级矛盾。

（3）珍视经验与重构经验之间的矛盾

三级矛盾是更高级的活动模式与先前旧模式之间的矛盾。当更高级的活动被引进时，先进的活动形式与落后的形式之间就产生矛盾。活动主体会努力尝试更先进的活动，推动活动向前发展。在基于课例的合作研修活动初期，辛老师鼓励教师尝试的新教学理念及重构课堂教学的要求，与教师固有的教学信念和惯习产生了矛盾。因为，重大变化会给人们带来恐惧、焦虑和敌视情绪，甚至会让人产生对抗行为（Fullan，2001）。变化可能会威胁到人们"内在图示"（internal schemata）的稳定性和所在群体的规范（Hutchinson，1992）。

当辛老师建议课堂中采用朗读、故事教学、通过写作进行学习（write to learn）、学习写作（learn to write）等方法时，教师的反应不一：一些教师能够接受新的理念，也有部分教师持质疑甚至抵制的态度，他们认为来自高校的辛老师传递的理念偏理论化或理想化，离他们的现实学情较为遥远。例如，在一次小学教师研修活动中，辛老师针对小学生的认知水平提出了故事教学的理念，鼓励教师用故事重构文本。有位老师提出了自己的质疑，认为现实的教育体系可能会令这种故事教学无法执行：

> 故事教学固然好，大家都希望在课堂上开开心心地学知识。但是我认为目前的教育制度不适宜每节课都进行故事教学……最终是考核学生的语言综合运用能力，这其中包含语言知识、技能等，手段是"考试"。在应试教育下，这些知识点并非靠故事教学就能得以巩固和掌握的。最后，故事教学这种形式虽然好，但实际应用于每节常态课还有一定难度。如果说课程资源的开发是"仰望天空"，那么使用就是"脚踏实地"。（TRJ20130313）

显然，这位教师认为，在目前仍以考试成绩作为学生学习主要评估标准的现实教育情境中，故事教学显得很不务实，只适合在公开课时"仰望"一下。参加教师研修活动的每位教师都有自己独特的学习经历和个人理论。尤其是教龄较长的教师已形成了自己较成熟而稳定的教学风格和习惯，多年的教学经验为他们带来了同行的认可和尊重。然而，他们的固有教学信念和经验在一定程度上成为他们超越自我的"茧"。此外，重构和变革意味着教师要投入更多的时间和精力于工作，这可能也是一些教师拒绝改变的理由之一。教研员惠老师对新、老教师两类群体做了如下评价：

培养年轻老师容易，他确实是白纸，画什么有什么啊，尤其是形成一定的教学风格之后。为什么课改难推进啊？其实最主要的关键问题，不是什么语言问题，我觉得。他已经形成了自己的套路，他就抓着自己的那套不放，你再说什么他都不改……我觉得是习惯了。（HIT20121119）

然而，部分教师对固有经验的坚守和对变革的抵制并未动摇辛老师贯彻新理念的恒心，在每次课例研修活动中，她都鼓励教师在新一轮的课例研究或在自己的课堂里尝试新的理念和方法。在一次研修活动后，上文提及的那位教师开始改变自己对故事教学的认识。研究课的试讲老师基于辛老师的故事教学理念把单元里的对话进行重构，改编成了微型故事，为学生创设了活用文体和其他语言知识的情境。在审视试讲老师的教学设计后，她意识到自己的课堂教学缺少了这样的情境创设，未能用活教材资源：

感触最深的就是这位老师带来的 mini-book，设计新颖又具实用性。她的课整体性很强，能帮助学生勾连上一课的内容，并且将情景很好地与本课融合，又增加了有实际意义的小细节，比如"挂号"等。反观我的课，在设计方面缺少课文情景的前后勾连。（TRJ20130417）

此外，最初课例研修活动中那位曾经认为"教授找错了倾诉对象"的男教师，在参与了活动一段时间后也"切身感到了益处"。他对试讲教师的故事教学设计给予了高度肯定：

"用故事重构文本"是教研活动一直在倡导的，能激发学生学习和参与兴趣，是提高英语课堂教学实效性的行之有效的方法之一。通过自己在上学期区课当中的尝试，尤其是在经过了试讲和正式讲课之后，切身地感受到了这一方法的益处。在今天的第一节课上，这位老师借助自己的一个床边故事"Kate's Day"，丰富、拓展了课文中的背景介绍部分，并将其巧妙地与对话部分衔接在一起；在对话之后，创编的故事进一步扩充了"Kate 在遵医嘱服药、休息并痊愈之后，给我们提出了几条建议"的内容，从而使整节课的教学内容有始有终、连贯完整，很好地体现了"用故事重构文本"的教学理念。（TRJ20130417）

这位男教师最初认为辛老师引入的教学理念只能是"仰望星空"，经过在合作研修活动中的切身体验后，他开始意识到新的理念并非仅是难以触及的"星空"。通过与研究者及教研员的协商以及自己的反思和实作，他重构了教学体验，让新理念在教学中"脚踏实地"。如是观之，在基于真实课堂的课例探究过程中，高校外语教师教育者的引领、鼓舞和坚持已帮助一些教师跳脱了固有经验的桎梏，在实践中落实了新的教学理念和方法，建构了新的教学体验，因此也化解了"珍视经验"与"重构经验"之间的矛盾。

（4）教育实践和学术研究之间的矛盾

四级矛盾是指新产生的活动系统与其邻近活动系统之间的矛盾。邻近的活动系统为新产生的活动系统提供了工具或帮助，两个活动系统通过相互融合得到共同发展。在本研究中，高校外语教师教育者面临着教师教育实践工作和学术研究之间的矛盾。

一方面，职前和在职英语教师的"养成"有赖于教师教育者的教育专长，并且进入实践领域需要他们投入大量时间、精力以及情感。辛老师认为，投身于基础英语教育的实践领域"需要研究者或教师教育者长期投入，并且要忍受见效慢的事实"。在与一线教师交流和合作的过程中，可能会出现很多意想不到的问题。教师是有情感和精神的"完整的人"，因此，研究者在教育实践中要走近教师，不仅要关注他们的专业能力发展（如学科教学知识等），更要关心他们的情感经历和精神体验，尊重作为"人"的教师。否则，教育实践和改革就难逃屡战屡败的宿命。此外，在活动过程中辛老师还收集了大量的质性资料，如教师访谈、研修活动实录、教师反思日志等，以听取教师的声音和观察他们在行为、认知乃至情感上的改变。而这些资料的收集、整理与分析也需要辛老师投入大量的时间及深入的思考。然而，在实践"低洼"中的长期跋涉让她更加坚信，在职中小学英语教师教育领域是最能实现其自我价值之所在：

我找到这个在中国的环境下，发挥我更大价值的地方，可能就在这个地方，突破这个地方。（XIT20130922）

另一方面，在邻近的另一个活动系统（高校）中，晋升是以研究者的"科研量"为主要依据，而其从事的教学和实践工作仅被作为参考值纳入工作总量。辛老师曾感叹，在高校研究机构中"生存是残酷的"。邹为诚（2009：8）指出，我国外语教师教育者所面临的问题是：如何处理好科研和教育实践之间的关系。学术界对外语教师教育专业性的认识不足导致外语教师教育者付出的劳动得不到应有的承认。于是，他发问：外语教师教育是不是"学问"？现实情况是，在一些领导的眼里"语言学""文学"等是"专业"，而"外语教学""外语教师教育"就不是专业。由此，作为高校研究者和教师教育者的辛老师面临着高校学术研究和扎根基层的教育实践工作之间的角力。

然而，矛盾的化解往往伴随着主体的顿悟。随着合作教师研修活动的不断深入，辛老师意识到，实践的"洼地"其实能为学术研究提供肥沃的土壤和丰富的宝藏，并且教育实践与学术研究是相长的，两者可以有机结合起来。她认为，这样的结合让她在多元情境中能够更加稳健地前行。她说："我不是单腿蹦，而是两条腿并行……单腿蹦就会摇摇摆摆。"文秋芳和任庆梅（2012：22）也提出，高校研究者必须"做中学、行中思，不断实践、不断提高""闭门读书、闭门思过、纸上谈兵都无济于事"。因此，高校研究者需要用实践丰富理论，然后再将理论还原到鲜活的、个性化的、情境化的、日常化的教学实践中。最后，再依据真实的教学实践，进一步完善理论，以提高他们对理论使用价值的理解和把握。由此可见，在跨越了机构和情境的边界及理论与实践的沟壑后，原先身处"象牙塔"的辛老师在"洼地"中发现了"两全之计"，并已然走在了化解这第四级矛盾的路上。

4.3　小　　结

至此，本研究根据活动系统的框架从宏观层面分析了影响高校外语教师教育者专长拓展过程的因素，并发现由来自不同活动系统的主体——高校外语教师教育者、区教研员和中小学英语教师创建的在职英语教师研修活动具备了 Engeström 等建构的活动系统的基本要素。这个新活动系统的主体，来自不同背景，具有各自的先前经验、知识基础、身份认同和个体特性等，是共同的旨趣和责任让他们走到了一起，合力促进了高校外语教师教育者专长拓展。在行动的过程中，客体的不确定性和复杂性提高了主体在面对陌生情境时的灵活性和适应性。正是客体的多变性使主体原有的专长捉襟见肘，迫使主体不断调适并拓展已有专长，以相应发展出多样灵活的解决方案。多类中介工具包括硬件、软件及抽象中介工具等，也为高校外语教师教育者在与其他主体合作互动的过程中促进了其教育专长的生长与发展。其中，课例作为关键中介工具为高校外语教师教育者发挥其专业引领作用提供了平台或契机。此外，共同体成员的共同目标、积极互动与会话、协作与分工，以及彼此默契的行为规则等也支持了其专长的拓展。高校外语教师教育者在与教师及区教研员紧密合作的过程中也受益匪浅。我国当前社会教育情境的诉求促使外语教师教育者在中小学的实践前沿创建出了新型在职英语教师学习模式，促进了其专长的发展。

此外，本研究中高校外语教师教育者教育专长是在多方主体共同打造教师学习新模式的过程中，通过工具的分享和转化、社会话语的协商和争论以及矛盾的产生和化解得以拓展的。首先，在与教师交换和转化中介工具的过程中，外语教师教育者了解了一线教师的困惑与需求，提升了将学术理论转化为成功课堂实践的能力，为其今后的外语教师教育活动提供了成功的教学案例，丰富了资源库，促使其更进一步地思考理论和实践如何互动。因此，该教育专长是横向学习的过程，是源于不同活动系统的主体之间已有中介工具的互换和分享，并生成新型混合工具的过程。其次，来自不同活动系统的社会话语之间的对话与协商促成了"多重声音"。在本研究的横向学习情境中，高校外语教师教育者通过与一线英语教师的对话和协商，倾听了教师和教研员的多重声音，增加了对一线学情的理解，改进了研修内容和话语方式，拓展了教育专长。最后，该专长的发展是一个由内部矛盾驱动的拓展学习的过程，充满着各种张力的较量。在各个合作教师教研活动过程中主要存在四种形态的内部矛盾：①初级矛盾为"天上的 what"与"地上的 how"之间的矛盾，存在于活动系统的主体内部。高校外语教师教育者与一线的教师及教研员享有不同的知识基础和教育体验，这导致了活动系统主体间存在内部矛盾。②次级矛盾为理论说教和教师学习之间的矛盾，存在于活动系统的工具和客体之间。在教师自愿研讨小组活动中，辛老师一开始灌输式的理论说教作为活动中介工具与"让教师学习发生"的客体之间产生了矛盾。③三级矛盾为珍视经验与重构经验之间的矛盾，存在于原有活动与更高级文化活动之间。在辛老师参与的课例研究活动中，教师在其原先的教学活动中产生的固有教学经验与新系统中要重构教学体验之间产生了矛盾。④四级矛盾为教育实践和学术研究之间的矛盾，存在于中心活动与邻近活动之间。高校外语教师教育者参与一线英语教育的实践活动需要大量投入，这与高校这个邻近活动系统规则之间产生了矛盾。在高校外语教师教育者与教师、教研员合力化解层层矛盾的过程中，其专长也得以拓展。

第 5 章　高校外语教师教育者专长表现与作用

捕捉、分析、解释专家的表现是从 de Groot（1965）及 Chase 和 Simon（1973）的国际象棋专长研究逐步发展起来的一个研究领域（Ericsson & Smith, 1991）。在半个多世纪的短暂专长研究史中，揭示专长表现的研究占据了重要篇幅，为理解专长的本质提供了经验证据和理论基础。本章分析并描述高校外语教师教育者专长的主要表现，然后阐释专长在本研究教育情境中所发挥的作用。

5.1　专长表现

通过对高校外语教师教育者的跟踪和实地观察，以及对访谈文本和教育札记等的分析，笔者发现，在外语教师教育者、教研员及一线教师共同参与的课例研究活动中，通过合作、协商甚至争论等过程，高校外语教师教育者凸显了其元认知、学习的倾向、理论与实践的互动及元解说等专长表现。作为一个复杂系统中的个体，其发展是整体性的，因此，这些表现在本质上是彼此依托，不可分割的，并共同构成了高校外语教师教育者专长整体表现的不同维度。

5.1.1　元认知

"元认知"是本研究中高校外语教师教育者专长的重要表现之一。所谓元认知就是对认知的认知，具体地说，是个体对自己认知过程的认识和调节该过程的能力，是对思维和学习活动的认知和控制（Flavell, 1976）。本研究中的高校外语教师教育者之所以能够在理论和实践之间自由游走，能够对教学进行评论与剖析，能够以学习为导向，是因为其在不断发展着自己的元认知知识和策略。

首先，本研究中的高校外语教师教育者辛老师具有将自己视为"优秀的新手"的自我认知。通常，人们倾向于认为"专家是无所不知的人"，是能够提供正确答案和观点的人。研究表明，专家的身份意识会限制新学习的发生，而学习者身份意识却会帮助他们不断地去学习（Bransford et al.，2000）。辛老师作为外语教师教育者，了解自己的专长和优势，同时也意识到自身的不足，愿意承认自己的无知及学习需求，并且敢于承担犯错的风险。她说："很多人来听我的课，一些老师都带着博士生来听。我不怕来听课的，敞开门，谁爱听谁听，谁愿意研究来研究，我有这个自信。"当惠老师当面指出她的很多教育理念过于理想化时，她承认自己不了解中学课堂的"软肋"，直面了挑战，进行了"逆袭"。人只有全盘托出自己的脆弱，才是真正的强大。

"我没有底气，因为不了解课堂"

最早我们开展学习小组活动的时候，开始我说很多。惠老师就说："哎呀，您太理想化了，您下去到我们中学去看看。您说的理论我们都同意，就是我们实现不了。"我觉得说得已经很接地气，她觉得还不够接地气，仍说解决不了课堂的问题，那我就去思考这个问题。这是对我个人最大的一个挑战，怎样能 practice theory（把理论实践化）。而且，她越说我不行，我就越想要了解这个情况。然后去听、去看、去想，多跟老师沟通。当时确实看得太少，就需要去听课，去跟他们一起打磨研究课。

等我来到课堂后，我就可以和教研员对话了，可以在同一个层面上来谈论这些东西。但是，我俩看问题的角度是不一样的。同样的课堂，他们可能看到表层的现象，我可能看到背后一些缄默的东西。看了课堂后，再讲这些就更容易被老师接纳。这样不断地克服我自己的弱点，了解了真实的课堂。

辛老师对情境或客体也有自己独特的认知，她会把解决新问题看作是学习和探究的起点。辛老师会始终追问"为什么"，提出假设性的理解或预测，并在解决问题的行动中予以检验、反思及调整，从而更好地理解情境的本质及自己与情境之间的关系。通过观察，辛老师发现了目前在职教师培训的诸多弊端。例如，很多的培训课程是由一些远离日常教学的人员设计，很多课程不是强调晦涩的理论就是推荐教学法，很少将理论和实践进行有机结合。由此造成的结果是参加培训的教师了解了一些理论，却不清楚如何在教学中实践这些理论；或者学到了一些新的教学方法，却不知其背后的机理，很难举一反三、触类旁通。又如，我国的中小学已有比较成熟的"三课一制一活动"（即教学比赛课、公开观摩课、听评课、新老教师传帮带师徒制和教研组教研活动）教研体系中仍存在着协作维度、形式及内容单一的问题。换言之，中小学的教研活动仍局限在本校、本学科或本教研组内，缺少跨校、跨学科及跨教研组的横向交流。另外，活动形式几十年如一日，备课活动程式化，教学模式统一化，教学资源单一。多数教师对教研活动的刻板印象就是：开几堂公开课，出去听几节示范课，检查教师的备课，或者进行校外短期集中的、传输式的理念培训，缺乏校本的、互动的、实践操作层面的培训。此外，多数教研活动仅围绕课程内容展开，过于注重学生的认知层面，而忽视对学生的情感教育和人文教育。辛老师在参与的项目活动中还观察到，经过一系列培训之后，无论是经验丰富的教师还是新手教师，都能够理解和认同新课标的理念。然而，他们对如何在教学中落实新课标理念，处理好语言学习和人文素养培养的关系，还存在很多困惑。辛老师意识到，应对课程改革，面对挑战，如何帮助教师实现从理念到行为的转变是关键，也是教师在职教育的核心问题。

其次，本研究中的高校外语教师教育者拥有的元认知技能和策略，使之能够监控自身的知识和行为，了解、反思自己已有的理解水平并判断它是否充分，并从多元视角审视问题。通过对自己的行为和知识进行反思和调节，辛老师能根据不同的情境提出不同的问题解决方案，反思已有的判断或通过他人观点反观自己的观点。辛老师将自己敢于在未知领域中一路探险的勇气，归功于多年的学术训练以及自我调整和监控的能力。她说：

我可以 self-regulate（自我调整）我的学习。就像现在写作是自己给自己改。非常感谢博士期间多年的训练，非常扎实，使我可以在没有很多外界帮助的情况下，自己帮自己，这是非常宝贵的财富。（XIT20130922）

辛老师对自己的言行会不间断地做多元视角的审视。她会定期地写日志，同时审阅相关教师的反思日志和研究者的研究日志，还会让研究助理访谈相关教师和教研员。她说："理解中小学课堂需要时间、耐心和反思。我经常回来写东西，在想怎么今天老师还是不懂我在说什么。如果老师不懂，我首先想肯定是我没讲明白。"

最后，本研究中的高校外语教师教育者在新情境中能够进行适应性调节。专家不仅需要成为常规学科知识和技能的"工匠"，更须成为具备适应性和创造性才能的"艺术家"（Bransford et al., 2000：34）。面对新情境的反应体现了外语教师教育者元认知的特点。这种适应性调节具体表现为与新情境的主动交互，如对新情境中的信息做出判断、提出疑问，或者提出试探性的观点，并通过在该情境中的实施来验证并完善观点（王美，

2010）。然而，多数主体面对新问题时表现得刻板僵化，他们仅依据固有知识和经验来分析、解决新情境中的问题，缺乏对当下独特情境的思考。辛老师讲述了一个在与一线教师交流方式上的适应性调节的故事：

从"高高在上"到"可以亲近"

我开始说话是特别直的。一次教研活动，一位老师拿了一个课件，没有什么 discussion（讨论），就是 present（展示）他的 lesson plan（教学计划）。这种走过场比较多，我觉得很不正常。一看到他 PPT 上好多错字，grammar errors（语法错误）或 misuse of words（用词不当），我当时就说："这是什么？！作为老师，怎么能给学生这种 wrong modeling（错误的示范）。先不说别的，就看这语言的错误，怎么去教学生，你是一个合格的老师吗？批评学生，你自己做得怎么样啊？"然后我还批判他们滥用 PPT，花里胡哨的，飞来飞去的。当时我说得特别难听，也特别直，没有任何的 strategy（策略）。那位老师脸上都挂不住了，老师们"震"了，没想到这个人说话这么直，这么难听。教研员惠老师总是给我打圆场。

还有一次讲到阅读，我又急了，说："你们天天张嘴闭嘴就讲那种 guessing the words（猜词），getting the main idea（掌握主旨大意）。你们知道 reading strategies（阅读策略）有多少吗？"我说了 Anderson 的那一套，然后哗哗列了 20 多种。当时就是着急，哗哗讲了很多。

之后我反思，跟老师讲话不能那样。跟老师打交道的过程中，我变了好多。为什么会变呢，是通过观察老师的反应。每次都有集体教研的反馈问卷，有的老师给我反馈真实的想法，从那上面我学到了很多。例如，一开始看老师问题特别多，就一下子给他们灌很多。老师们会说："少说一点，不要讲那么多，一次讲太多，消化不了。能不能抓一到两个重点，往深里讲？"的确，有很多问题我之前都说过，发现老师还会不停地去犯。那么，我就理解了，老师跟学生是一样的。我意识到自己犯了同样的一个错误，就是老是喜欢在课堂上灌，老以为我讲了，老师就学会了。后来研讨，我就会调整，不讲那么多，就一次讲一到两个重点，而且马上操作。还有老师说："您语速太快了，稍微放慢一点。"那么，我下次就调整一下。这些都是相辅相成的，要关注老师的反馈，就像老师上课要关注学生的反馈一样，调整自己的风格。

我觉得自己在变，慢慢地开始注意说话的方式，越来越会跟老师说话了，越来越会和老师打交道了，说的东西他们也越来越能接纳了。现在讲话先肯定他们，然后就会讲如果我是你的话我会这样去做。就是咱们写作里面讲的所谓 hedging（委婉语）的策略。一开始 [教师] 觉得你高高在上，慢慢觉得可以亲近，然后你说的东西我们（教师）可以听懂，也可以去用。

一线教师的课例研究活动对于一直身处高校"象牙塔"里的辛老师来说是一个崭新的情境。面对陌生的环境，辛老师采取了积极应对的方式，通过教师反馈问卷听取教师的心声，通过自我反思与新的情境主动交互，化解矛盾。用教研员惠老师的话说就是："辛老师在课例研究活动中，由远及近，渐入佳境。"她在与一线教师的互动和协商中不断进行适应性自我调节和改善。总之，在新情境中的适应性调节重点考察的是主体与新情境的交互，看他们是基于自己的先前知识经验还是基于当下情境中的信息作出评估和推断，以及如何根据新情境灵活地调整、改变既定的判断、观点和知识，并依据对新情境的探索和理解发展解决方案。

5.1.2 拓展学习的倾向

本研究中的高校外语教师教育者表现出了一种拓展学习的倾向，追求对新情境的理解，具有较强的自我学习和发展能力。在这个意义上，辛老师具有的教育专长是一种"适应性专长"或"学习型专长"（Bransford & Schwartz, 1999: 433）。

首先，高校外语教师教育者在学习的倾向维度上具体表现为反复探索新情境，全局检阅并充分理解情境。辛老师往往对貌似常规的新情境保持着警醒，愿付出更多的时间了解新的问题，接纳而非拒斥新异现象，由此激发出探究的兴趣，并将之视为拓展性学习的新起点。例如，她会全面地检索新情境中的信息，经常对看到的信息做出自我解释，根据需要不时地回溯信息，试图建立对情境的理解和全局观念。由此可见，具有学习倾向的主体不是将问题解决看作是一个不得不完成的任务，而是将其看作探究新问题、学习新知识的机会。具体表现为：主体会尝试反复检阅并理解情境，试图了解更多背景信息；根据需求进一步检阅，并主动根据需求学习新知；承认先前的不足或错误，建构新的理解等。在辛老师的研究报告中，她写道：

我访谈了区教研员惠老师。当谈到大学研究者在中学教师发展中的作用时，惠老师坦诚地指出："你们大学老师是天上的 what，我们中学老师是地上的 how。Please tell us HOW to do WHAT, not just WHAT（请告诉我们怎么做，而不是只告诉我们要做什么）。"她的话深深地触动了我，让我开始思考：" 作为外语教育的研究者，我能为中学教师做些什么？" 为了使教学理论真正转化为课堂上的教学实践，我决定走进中学英语课堂，走近一线英语教师，开始观察和了解中学英语教学现状。（XRR20140124）

此后，尽管肩负着繁重的教学和科研任务，辛老师在长达一学年的时间里坚持每周参加某区中学高一英语组集体备课，对3位高一英语教师进行课堂观察，并对备课组的老师进行访谈，了解他们日常的英语教学活动、教学理念和专业发展需求。此后，她又有机会对另一城区某初中的英语教学改革进行了一学期的考察，对初一、初二的英语课进行课堂观察，同时对任课教师进行了多次访谈。她认为，这样扎根中学的实地调研使她对中学英语教学现状有了比较直观的、全面的认识，并从此一发不可收拾地踏上了在基础英语教育领域中"扎根课堂、教研一体"的征程。

其次，本研究中的高校教师教育者学习的倾向表现在对新内容的学习和自我发展的能力上，如明显的关注、好奇或兴趣，结合自己已有的经验分析、阐释新内容，根据问题解决的自我需求主动学习新内容，并持续不断地尝试修正自身学习的技能与态度，包括实践、自我监控、避免平原期，以寻找继续向前迈进的途径、技能与态度。下面这个有关课堂改革的自述小故事，表现出辛老师善于学习、自我发展的能力。

"被迫"的改革

很多事情都是当学生时没有遇到过的，但我还比较善于学习的，而且我觉得越是遇到困难[的事]，越能学到东西。比如我刚回国，上课上得不好，"外语教学法"这门研究生的课上得特别理论，纯research-based（基于研究的）。因为这门课我自己压根儿就没上过，当学生就没上过这样的课，只是上师范的时候学过一个中文的李婷香教学法，很简单。然后让我上这门课，也是一头雾水，挺难的！备了那么多课，听说读写[教学]都要弄吧，没有实践的东西，但理论我有。我觉得：哎，研究者做了一个listening（听力）教学的research（研究），咱们就读paper（论文），present paper（展示论文），然后咱们就讨论这个研究结果。

结果，硕士生们头都大了，都造反了。也没给我讲，就跑去找领导。后来领导找到我说：" 怎么回事儿？觉得你上课很认真嘛，学生都跑去找我。" 于是，我尝试改革这门课。我去跟着听一位优秀老师的practicum（教育实习课），听她上课的风格。听了几次，发现她驾驭课堂的能力很强。

我这个人比较善于抓住别人的长处并把它变成自己的。后来为了上好课，还看很多书，也买了光盘，我就要找 how to teach（如何教），不能光是理论，就找这样的书。然后，做了很多功课，看了很多书，包括汤姆森系列的书都拿回家来看。我给学生的书单都是自己看过的东西。然后我就想，哎，我可以把理论和实践揉在一起啊，一节理论，一节实践。这样，课慢慢讲活了，加点 case（案例）进来，就这么活了。我每年都反思，课每年都不一样。我的知识在长，因为我自己不停地在看书嘛，看新的 idea（思想），它丰富了我自己的课。我不会老重复看那几本书，我还会去买新的书。我喜欢挑战自己，不喜欢重复，每年都会往里面加一些新的片子或新的案例进来。新的案例就是基于我跟一线老师的频繁接触，我能把鲜活的东西拿进我的教学法课堂。现在基本每次下课学生都会一起鼓掌。

在具体的方法上，我会努力做到理论联系实践，深入浅出，学以致用。该课程共 16 周，每周 2 个小时面授。在第 1 周和第 2 周，我主要介绍课程内容和要求，回顾主要的外语教学理念。从第 3 周到 14 周，两周一个专题，包括语法、词汇、听力、口语、阅读及写作。每个专题的第 1 周由我来通过案例阐明相关的教学理念和实践方法；第 2 周以小组为单位由学生在第 1 个小时里展现一节 50 分钟的英语课，落实前一周讲到的教学理念和教学方法；在第 2 个小时由我组织全班学生对这节课进行点评，分析每一个环节是否符合外语学习规律，是否落实了我们讨论过的教学理念。学生在准备展示课期间，通常要和我面谈 2~3 次，内容涉及教学内容选择、教学设计、教学试讲等。在第 15 周，我介绍如何使用课堂教学评估促进学生的自主学习。在第 16 周，我对整个课程的教学内容进行回顾和总结。为了落实"听中学、读中学、做中学、思中学"的教学理念，我还要求学生每周课后用英语写反思。然后，我对每位同学的反思认真阅读并写下反馈意见，并在上课时返还给学生。

通过教学课程的改革，我得到了很多启发。在讲述教学理论时，要用实例来阐释；为了加深学生对理论的真正理解，他们需要设计并在课堂上实施教案。在这个过程中，老师要给予学生指导和督促。任课教师要对学生的反思及时反馈，并与全班同学分享反思内容。要求学生实际实施一节课，不仅能够锻炼学生的备课能力，同时能够锻炼学生的施教能力。观课的学生也能够从每一节实习课上得到很多启发。在观课、评课的过程中，能够帮助学生内化教学理论，提升自己的教学设计及实施能力。一旦给了学生使用理论的机会，学生的潜能就被激发出来，在与小组成员讨论的过程中，更加有效的教学方法被挖掘了出来。小组活动也减轻了学生的心理负担，培养了学生的自信心。

如果说这次外语教学法课辛老师是被学生逼得进行"改革"，那么她认为自己成为一名教师教育者，而且能够进入中小学的教育领域确实是靠"自学成才"。在辛老师刚刚进入中小学做场域观察的阶段，常常会"看不清方向"，感觉特别陌生和孤独。观察阶段结束后，辛老师在教研员惠老师的支持下组织了一个教师自愿学习小组。就这样"摸着石头过河，这么一路走来，走到现在积累了一些经验"。她认为，这些经历实际上就是她对自己的一个"自我培训"。

最后，本研究中的高校教师教育者学习的倾向还表现为，教育者根据当下情境和新的学习来不断完善自己的理解、发展新观点或建构新知。在对已知与未知的反应上，尽管专家珍视自己的已有知识，但他们更能够认识到"识知的假设性本质"和"知识的动态性本质"（Martin et al.，2006），将未知对已知的冲击看作开始新学习、建构新知的绝佳机会。外语教师教育者辛老师能将自己的旧知迁移至新的问题上，同时又能灵活地根据当下的具体情况调整、修正已有的知识乃至创造新知。这说明效率导向的专长通常带来三个一般性的结果：促进同一领域中其他相似类型的程序性知识的发展，产生能够更有效地执行任务的伴生策略或固化的行为序列，或产生便于执行给定任务的心智装置（Hatano & Inagaki，1986）。反之，学习导向的专长在完成任务的同时却还能够不断发展出对情境的新理解，其最高的境界是创建新知。很多研究者将革新、创造看作学习导向专长的重要特征。

在辛老师实施读写结合的教学理念过程中，她应对新情境的创新能力可见一斑。辛老师在攻读博士学位期间的研究课题是学术写作，主要侧重高校本科生或研究生阶段的写作。在与一线中小学教师的合作课例研究活动中，辛老师能够将旧知迁移到新的情境中，通过思考和调整，产生新知并付诸实践。她基于对我国外语教育独特情境的思考和把握，提出了读写结合的教学方法。一次研究者问她，为何放弃学术写作而去从事中小学教师教育，她说：

> 我并没有放弃，而是借助 Academic Writing（学术写作），借助这个能力。读写结合，就是以读促写，以写促读，让 input（输入）和 output（输出）有机结合。我通过让学生写，哪怕写一句话、两句话，写成小文来促进他们的阅读和对词汇的掌握。现在，一些老师按照这个理念在做，觉得效果

很好。就是 Academic Writing 有用到这个教学方法，我提出这个方法，这么去做。如果我们能写出来的词，就一定能够说得出来。写作可以给学习者独立、安全地用英语思维的机会。在我们这个环境下，这种方法是有效的。（XIT20130922）

她认为，在英语作为外语的教学环境中，学生离开了课堂说英语的机会很少，那么就让语言的输出首先可以落实在课堂或课后的写作上。一位初一老师掌握了读写结合的理念后，把辛老师讲过的字母诗和结构诗介绍给了自己的学生，并给学生提供了现在进行时的结构和例句，同时为了复习 why 的用法，引入了"why+ 现在进行时"的例句。这位老师给学生的例子是：S is a song. She is singing a song. Why is she singing a song? Because she is taking a music class. 她在课堂上留出了 10 分钟，让学生以小组形式尝试用给定的句型进行创作，并让学生课后独立完成一首诗歌。随后，学生们的创造力让这位老师为之震撼。一位学生在一首名为"The Earth Complains with Tears"的小诗中写道：

The Earth Complains with Tears

M is a mountain. She is crying.
Why is she crying?
Because the people are destroying it.

S is a sky. She is crying.
Why is she crying?
Because it is getting greyer and greyer.

F is a flower. She is crying.
Why is she crying?
Because people are taking her off.

G is a grass. She is crying.
Why is she crying?
Because people are trampling them.

T is a tree. She is crying.
Why is she crying?
Because people are cutting them down.

R is a river. She is crying.
Why is she crying?
Because it is suffering from polluted water.

The earth is complaining with tears.
Noiseless complain with tears.
Why she must bear what people give her?
The beautiful home is being destroyed by us.
Listen to the complaints from the earth.
We should take a self-examination.

由此可见，本研究中的高校外语教师教育者，不仅需在常规的问题情境中体现出较为出色的专业表现，还需在新情境中呈现出更多的灵活性，并根据当下情境做出推理、判读，提出假设或试探性的解决方案，而不是将先前知识和经验直接迁移到新情境，一成不变地套用已有的刻板知识。

5.1.3 理论与实践的互动

Ryle（1949）认为，专长的核心不仅仅是"知道什么"（knowing that），而且还是"知道如何做"（knowing how）。换言之，专家一般都拥有流畅的程序性知识，能够准确、有效地识别出新情境中的问题模式并作出"如何做"的决策。但是，高校外语教师教育者的专长与其他专家的不同之处在于，外语教师教育者通过理论与实践的互动对"为何如此"有着深刻的理解（knowing why）。其专长的表现与 Hatano 和 Inagaki（1986）提出的"概念性知识"有异曲同工之处，指的是主体对客体的认识超越了具体的事实和程序层面，给出了对客体本质抽象而普遍的理解，同时又超越了一般性的抽象认识，而再次从理论上把握具体的实践。达到这种知识境界需要经历两次认识上的飞跃，第一次飞跃是从实践世界的具体上升到理论世界的抽象，第二次飞跃是再从理论世界的抽象上升到用理论把握实践世界（王美，2010）。这样的专长特征说明主体对客体本质及其所在环境具有深刻理解（Hatano & Inagaki，1986），能够将技能背后的原则言语化,恰当地判断技能的常规应用或非常规应用,并且根据当前的限制调整或发明技能(Lin et al.,2007)。

在访谈中辛老师多次强调,扎实的理论基础为其作为外语教师教育者的成长奠定了基础。她说:"我以前的理论功底还是非常有用的。看了很多书,把这个语言教学理论吃透了,已变成了自己的东西。"她曾在北美某大学教育学院师从著名应用语言学家,五年的海外生活和学术交流使她具备了深厚的语言知识及语言习得知识。她认为:"专业知识一定要强,作为英语教育者,首先要了解语言是如何习得的,还有自己英文的功底要强,就是 Subject Matter Knowledge(学科知识)。"这些理论知识使她能够透过现象看本质,并为她提供了解释问题的学术话语和解决问题的理据:

通过看他们(教师)的教案看出来[问题所在],这跟我的理论功底是有关系的。我不会被表面现象所蒙蔽,就是上课再花哨,我都能看到背后的东西是什么,能用理论来解释教学中的问题,提出解决方法,并且说出为什么要这样做。(XIT20130718)

实践对于外语教师教育者而言具有重要意义。辛老师将丰富的实践经验比作"能在地上跑"。如果教师教育者不亲自走进课堂,去直面活生生的教学生活,去体验师生丰富的内心世界,便无从理解和诠释教学活动的意义,因此,外语教师教育者要充分了解一线教学实际。她认为:

任何一个课堂都是具体的、独特的,也是既定的理论不能充分验证、诠释的。在一定程度上,只有深入课堂,才能找到最适切的答案。如果高校教师教育者不了解课堂教学实际,授课就变成了一种单向的知识传授,很可能脱离教师的教学实际。高校教师教育者与教研员的合作就是嫁接教育理论与教育实践的联系。高校教师教育者定期去学校或教师研修学校与教师沟通,观察课堂,才能把握教学现状,改进教学的建议或授课内容,就能够从教师和学校的实际出发,有利于教学问题的解决。总之,教师的在职教育应以教学实际情况为抓手,以教师的教学实践为基础。(XIT20130718)

理论和实践的关系似乎是一个永久的哲学话题。Schön(1983)指出,有些研究者选择在理论高地阔步而行,有些则选择在实践沼泽中艰难跋涉。前者无疑是一种舒适高雅的研究状态,然而,只有走入现实错综复杂的问题情境，才有可能弥合理论和实践的分裂，使理论真正焕发出旺盛的生命力。安桂清（2008）也呼吁：国内的教学研究对真实的教学生活已遗忘得太久，是该把每一堂课都当作是探究教学奥秘的场所的时候了。辛老师基于普遍存在的理论和实践的二元对立，意识到要成为一位受教师欢迎的教育者，须具备的一个重要素质就是"超低空飞行"，即理论联系实际的能力。她认为：

理论和实践是两大阵营，这是一个现实。有的人是理论工作者，而有的人是有理论又去实践。理论必须要跟实践相结合，linking theory with practice。教师教育者一定是理论和实践都要特别强，他和教师的区别在于后者有实践但理论说不出来。有很多纯理论者有理论，但他们不实践，不知道怎么去实践。那么成为教师教育者一定是理论实践都很强，才能够成功。我收益在哪里？就是走到了实践中，这个实践能让我更好地理解理论。然后，在讲理论的时候呢，我有更丰富的实践例子来支撑我的理论。（XIT20130718）

此外，辛老师也强调了理论知识与实践知识的互动方式——做研究和反思。

没有 reflective practice（反思性实践），不研究就不能进步。教学的问题是不可预测的，教学中会突发很多现象，但要透过现象看实质。不论什么现象都能抓住它的核心，这就是理论能力加上抓住实践的能力。所以说要研究，要善于研究，有研究才能够不断地进步。不能停滞不前，因为教学问题是在不断地变化。要有理论而且善于研究，善于抓住问题。同时，不要停留在理论上，看到问题时一定想解决问题的方法……老师也会存在很多问题，词汇也有问题了，阅读教学也有问题了，写作教学有问题了。很自然就会想到哪个理论可以解决这个问题，想到以后就要去实践这个方法，然后会发现它的一些不足，或是怎么去改进这个方法。这个方法进一步补充了我对这个理论的理解。（XIT20130718）

这样，理论和实践的互动增强了辛老师解决实际问题的能力，使之得到了一线教师的认可。辛老师认为：

不能光批评教师，很多人现在就是说[教学]不好。我觉得批评人很容易，给出解决问题的方法很难。然后，为什么这中间老师能接纳我？他们就说：辛老师，你跟其他专家不一样的地方就是你说完我们的问题，你会更多建议我们怎么做。那么，有些老师觉得应该这么做，但是他不知道为什么要这样做，你要讲不出为什么来，老师也是很迷茫的，下回怎么办呢？不能光授人以鱼，还要授人以渔嘛。（XIT20130922）

因此，本研究中的高校外语教师教育者的重要专长表现之一，就是具有深厚的理论基础和丰富的实践经验，并且能够自由地游走在两者之间以促进两者的共生。该特征与 Tsui（2003）提出专家型教师能够将"理论知识实践化"同时将"实践知识理论化"的研究结论也比较一致，说明专家既能够用正式的知识诠释个人经验，又擅长有意识的反思和总结经验。Cochran-Smith 和 Lytle（2004）也指出，教师教育者的任务和技能不应囿于教学的原始过程。他们应该既是分析者，又是行动者；既是探究者，又是体验者；既是理论家，又是实践家；既被社会文化环境塑造，又是环境的创设者。可以说，理论与实践的互动是他们教育专长基础性构成的必要条件之一。

5.1.4　元解说

研究发现，元解说（meta-commentary）是高校外语教师教育者显著的专长表现之一。在本研究情境中，元解说超越了对教学示范进行"是非对错"的评估，而是对教学方法的选择、实施和理论依据的解释和评论。元解说最初由 Wood 和 Geddis（1999）提出，他们借用了文学作品中"自我意识叙述"（self-conscious narrative）这一概念。"自我意识叙述"是元小说叙事策略的核心，往往采用一些可传递自我意识存在的方式让读者感知这些意识。叙述者在作品中明显表现出自身的立场和看法，具有较强的主体意识。概言之，元解说原指作者本人在陈述故事的同时，还要解释和评论故事。Wood 和 Geddis（1999）提出，教师教育者在做显性示范（explicit modeling）时，可以通过自我意识叙述向学生教师解释自己对于课堂教学的各种思考，以及对教学法的选择及其背后的理据。

在我国教师教研传统中，课例示范多由一线教师来完成。被称作"专家"的高校教师教育者通常并不对教学做显性的示范，他们在课例研究中更多地承担观课、评课及组织研讨的角色。本研究发现，虽然辛老师本人未做过教学示范，但是在观课后对示范教师的课堂设计、教学策略的选择及实施，以及改进建议背后的理论依据进行了大量的元解说。

日本教育家佐藤学（2003）认为，教学是一个复杂的过程，研讨教学问题的目的绝不是对教师授课情况的好坏进行评价，因为这样的议论只会伤害彼此。研讨的焦点应是授课中的"困难"和"乐趣"所在，大家共同来分享，以达到教研的目的。因此，需要互相谈论这节课哪里有意思，哪里比较困难，学生有哪些表现，并通过交谈让学生学习时的具体样子重新浮现出来，这样的教学研讨才是每位教师所期待的。通常，高校教师教育者是实践的思考者和旁观者，负责教育理论的传授和诠释。一线教师具有丰富的实践性知识，但是这种知识往往是缄默的、不可言传的。而且，Smith（2001）研究发现，学校教师的师傅或指导老师（mentor teacher）似乎无法把专业技巧言语化或分解后用话语解释。显然，高校教师教育者需要把教与学缄默的一面显性化（Slick，1998）。因此，外语教师教育者作为"头脑清醒"的旁观者需要为"深陷其中"的教师阐释复杂的课堂教学机理。

首先，辛老师通常在观课后会明确指出示范教师对教学方法和策略的选择，并提供多种改进方式，这是一个向教师揭示教学"是什么"的过程。在走进课堂观课后辛老师发现，许多教师对学习者阅读策略的了解只局限于 guessing the words in the context（通过上下文猜词义）、getting the main idea（找中心思想），以及 skimming and scanning（略读和跳读）等，几乎所有的阅读课堂活动设计都围绕这几种策略进行。并且，很多老师都刻板地遵循了 pre-reading（阅读前）、while-reading（阅读中）和 post-reading（阅读后）这样固化的教学步骤。于是，辛老师在明确指出现有阅读教学步骤和策略的问题后，为了开阔教师的思路，她将 Anderson 的 ACTIVE 阅读教学法介绍给了参与该项目的教师。ACTIVE 阅读教学分六步走，其中 A 即 activate prior knowledge，在导入部分激活学生相关的背景知识；C 即 cultivate vocabulary，读前扫清单词障碍，省时直接；T 即 teach for comprehension，通过各种阅读任务，实现不同层次的理解；I 即 increase reading rate，反复阅读，熟能生快；V 即 verify reading strategies，配合阅读任务，辅以相关阅读技巧的使用；E 即 evaluate progress，以多种任务（如写作），评价学生对文章在内容和语言两个层面上的掌握水平。其中一位教师在研究课上这样描述新教学框架给她的帮助：

辛老师说的那个 ACTIVE 的框架，整个下来特别系统。如果不用这么一个框架套着吧，光告诉你怎么做，自己还是不那么容易把握。但有那么一个规则在，就比较容易把握了。（TIT20111201）

辛老师还建议在日常教学中要增加朗读环节。这个建议和增加教学实效性紧密相连。在实际操作中，教师通过运用角色扮演、分小组朗读等各种具体方法来促使学生张嘴朗读。加入朗读环节通常比教师惯用的填鸭式教学更加有效，学生有了足够时间来熟悉课文和内化语言知识点。这也是辛老师在集体备课中反复强调的一点，即将课堂上学习是否发生，学生是否内化作为评判课堂实效性的标准。

其次，辛老师会通过隐喻或案例等方式逐步呈现某改进方法的实施过程，就是一个为教师揭示教学"怎么做"的过程。她说："我不会纯讲理论，一定是要用案例来讲的，原则是深入浅出，要让老师们能听懂。"她所举的教学案例通常都是她在书中或之前观摩课中慢慢精心收集的优秀案例。此外，她还使用隐喻让元解说更加生动直观。

> 如果学生能听懂教师课上的讲解，只相当于"把面做成了馒头的样子"；但是，这时候学生还没有真正掌握教师想传授的知识点，还需要一个"蒸馒头"的过程，时间短了，"馒头"是蒸不熟的；而这个"蒸"的时间是很多教师舍不得在课堂上给学生的，结果就是堂堂"夹生饭"，需要学生课下再努力了。如果学生课下不努力或不去上补习班，就"蒸不熟馒头"，也就逐渐跟不上教师的步伐了。（XOB20121124）

最后，她还会叙述该改进建议背后的理论依据，这是向教师揭示"为什么"的过程。辛老师说："要用教师能听懂的话或浅显的话来说深奥、抽象的理论。"总之，辛老师认为，这种 Bottom-up（自下而上）的方式，从实际教学出发再到与理论对接，对已有教学实战经验的在职教师来说特别受用。事实上，教师并不抵触理论，一位教师说："这种理论上的东西，让你先打开思路，知道有那么回事。"关键是高校外语教师教育者如何导入理论。辛老师说：

> [老师们]不喜欢说教，要给她们一个生动的例子，用这个例子来说这个理论，要倒着讲。原来不是 top-down（自上而下）讲，很多人喜欢 top-down 就相当于理论在前，我是 bottom-up 或者是两者结合。讲话要从老师的角度去讲，用老师喜欢的那种语言，讲教学应该是怎么样的；我会怎么做，给很多的例子；我还说为什么，就是理论跟实践有机结合，从来不只讲实践，而把这个理论跟实践揉在一起。在给教师教授理论知识的

时候，一定要结合教师的教学实践，帮助教师把自己的教学实践智慧上升到理论高度，这样才能更好地指导自己的教学实践，做到举一反三。（XIT20130922）

例如，在上文提及有关"朗读"的提议之后，辛老师向教师指出原先赶进度的做法会"欲速则不达"，导致了课堂效率低下，主要原因是教师留给学生用于内化知识的时间不足，忽略了以学生学习为中心的课堂教学理念。她说：

造成这种困境的原因主要是教师没有认识和处理好教与学的关系，很多教师认为"教等于学"。在实际教学中，很多教师都在拼命地赶进度，想多留点时间给学生进行总复习。正如惠老师所说："高中英语教师就像是火车司机，他们的目标就是带领学生到达高考的终点。但是，教师最终到达了终点，很多学生却中途下车了。"我们关注教比较多。检测一堂课，不论你用什么方法，学生能学到多少，这个是最核心的。我觉得朗读是非常重要的，以学生为中心，以学生学到了多少来检测今天这节课。如果一节课后学生没有落下东西，那是教师在教，在perform（表演），但是学生没有在学。（XOB20121124）

一位专家教师这样评论由辛老师主要参与设计的名师培训项目："老师好、同学好""道（理念）和术（方法）兼顾"。她还指出，一线教师需要理论的提升，做到能说、能分析、能梳理自己的教学。Lunenberg、Korthagen 和 Swennen（2007）强调了教师教育者在行动中诠释教学理念的重要性。Munby、Russell 和 Martin（2001）认为，建立实践与理论之间的联系是教师教育的关键问题之一。这意味着，在示范中不仅要将有用的"招数"显性化，更需要将示范行为与公共理论（public theory）衔接起来。有足够的证据表明，教师教育者或教师无视公共理论，仅依靠个人经验、隐性理论或常识进行教学是很危险的（Bullough，1997；Hatton，1994）。

此外，元解说可以消弭教师和教师教育者之间的不平等权利关系。佐藤学（2003b）指出，导致教研活动中出现形式主义和走过场现象的原因在于研修变成了评价——课上得好或不好，评价话语太多了。公开自己的教学以及别人批评自己的教学，在一定程度上给原已手忙脚乱、疲惫不堪的教师增加了额外的心理负担。辛老师说：

批评别人很容易，让学习发生不简单……我以前是说："我觉得这个问题不对，这里不足。"现在改成："如果我来上这节课的话，我可能会这么处理，这么处理。"老师们就爱听，就扩展思路了。老师想，专家你上来给我说说思路，他才能心服口服。我向前走了一步，没有把自己摆在高高在上的位置，我跟老师们分享对问题的理解和解决问题的方法，而且我会给他讲为什么要这么去解决问题，告诉他 rationale 是什么，让他知其然更要知其所以然。（XIT20130922）

在传统的教学研讨中，教师与观课者之间形成的"观摩与被观摩"的关系是单向的权利关系。而辛老师在其合作课例研究项目中，努力地避免以权威或法官的姿态居高临下地看待课堂教学和评判"毫无防备"的教师，最终用平等分享的姿态让教师解除了防御，敞开了心扉。佐藤学（2003b）也认为，只有消弭校本研修中不平等的权力关系，教师学习才能成为可能。

5.2 专 长 作 用

5.2.1 跨越边界：不同情境间的横向跨越

从高校外语教师教育者辛老师在面对新情境时表现出来的适应性和灵活性来看，她能够克服新情境中的困难和挑战，并显示出其专长具有帮助主体实现在不同情境之间横向跨越的作用。适应时代发展的专长需要由一种新的方式产生，它不是建立在传统观念中那种稳定的个人知识和技能基础上，而是要建立在跨越边界的、网络化的工作交流、协商合作的团队能力上，以应对多变的挑战和活动系统的重构。

传统意义上的专家通常追求在某一领域内"专、精、深"的纵向发展。在一般人眼中，一个人之所以被称为"专家"是因为其在某特定领域拥有专门的知识和技能。俗语"一招鲜，吃遍天"的隐喻表明掌握一技之长便可终身不愁的传统而朴素的民间专长功能观。然而，正如一枚硬币存在正反面一样，这种专业领域优势往往会限制专家的思维和问题解决方式，从而变成专家的劣势（王美，2010）。Chi（2006：24）称之为"领域局限性"和"领域内的情境依赖性"。

在当前各种交叉领域及新兴领域飞速涌现的网络化时代，具备能够跨越边界的横向专长极其重要。在这种背景下，大多数真实活动的情境都不是单纯而独一的，而是多种情境交织、并行、聚合在一起，其中充斥着各种冲突的、互补的认知工具、规则、社会互动模式，并且不同的情境对专长又有不同的要求和判断标准，显示出"多元情境性（polycontextuality）"（Engeström et al., 1995: 319）。所谓的"一招鲜"适用的情境及问题类型通常是单一的，因此很难再适应现今社会的需求。此外，大量的创新也常诞生于跨界、跨领域的研究之中。

首先，就目前我国外语教师教育领域中边界所在，辛老师在其研究报告中指出了"外语教师培养、培训和使用机构各自为政"的状况：

> 目前，我国外语教师培养体系、教师培训体系和教师使用体系是相互隔离的，院校之间彼此分离，缺乏必要的沟通与合作。高校主要负责英语教师的职前教育；各级教师研修学校负责教师的日常研修活动和在职教育，还有一些高校的继续教育院和各类培训机构承担部分教师的在职教育；中小学校则是英语教师聘任、使用和管理的场所。这种培养、培训和使用并存的三元结构，使教育机构处在一个"各自为政"的"条块分割"状态，对教师教育的质量控制以及大学、教师在职培训机构、中小学校之间形成合作伙伴关系构成了障碍。（XRR20140124）

其次，辛老师提出了跨越三类机构之间边界的方式，即建立高校与各级教师研修机构以及中小学的合作伙伴关系。这种合作是一种互惠互利的共生关系，它一方面可以改变中小学的教育实践；另一方面也可实现教育理论的重构。她认为在这种合作关系中，高校外语教师教育者应成为跨越各机构边界的桥梁：

> 培养职前英语教师的高校外语教师教育者要关照职前教育与职后教育的衔接，为教师的后续发展"铺路垫砖"。高校外语教师教育者不仅要发挥自身的专业优势，还要走出"象牙塔"，积极参与英语教师的在职教育，了解中小学校的英语教育需求和英语教师的具体状况，与各级教师研修学校的教研员和中小学教师一起制订教育计划，构建学习内容，并帮助中小学教师解决和应对教学情境中的问题和难题。（XRR20140124）

最后，这种跨界作用可实现于合作项目中多方合力持续发展专长的经验过程。本研究中，辛老师不满足于已有的知识和技能，愿意挑战新的问题和领域，对新事物充满好奇心和求知欲。正如辛老师自己所说："别人越是觉得我不行，我越想试一试……我不喜欢重复自己。"因此，辛老师选择"走出象牙塔，走进课堂，走近教师"，从高雅的"理论高地"转战草根的"实践洼地"。如上一节所述，这种学习的取向使主体在面对新情境时会更保持一种开放、接纳、探究的心态。这正是跨越边界、解决问题的重要前提。反之，由于领域的多元性和情境的多变性，外语教师教育者在跨越不同情境的过程中，也在不断地加深对变化着的自身、客体以及情境的本质的理解。这种理解的形成有助于其在不同情境中的知识和技能的弹性迁移，以进一步促进高校外语教师教育者专长的不断发展。因此，其专长的发展与其跨越边界的作用相辅相成，如辛老师所言：

"做中学"让我进入一个新的领域，提高了自己的教学能力，提升了自己跟老师沟通的能力，说话不再那么难听了，会比较婉转去讲。还认识了很多朋友，所以另外一个圈子就出来了。（XIT20130922）

由此可见，跨越边界改变了辛老师的专业生活方式。在传统的教学研究框架中，坐在书房里拍脑袋进行理论推演成为大多数高校学者的专业生活方式，以至于他们被戏称为"扶手椅上的研究者"。然而，对教师来说教学是在多元化情境中持续不断地进行行动中的反思、判断、选择的过程。课堂里发生着的不仅是认知层面的实践，还有文化性、社会性、政治性、伦理性的实践等，显然，教育者在自我建构的封闭教学理论中断然无法了解真实的课堂。因此，高校外语教师教育者只有走出"象牙塔"，深入实践的田野，才能面对教育的真实，获得专业的新生。

此外，高校外语教师教育者参与中小学教师研修活动打破了共同体的封闭性。原有共同体形成了一个相对狭小闭塞的小圈子，不利于观念的更新和交换，从而对共同体的发展不利。辛老师的参与给共同体带来新理念和不同的看问题角度，促进了共同体的发展。教研员英老师说：

一个人在这个圈子里待久了，老师也好，教研员也好，都仅是圈子内的人。如果有高一层次的人，站在外面看得更清楚，给你指出来，产生的作用是巨大的、有帮助的。……圈子有它的局限性，需要视野更开阔的人来给我们去讲一讲这些。因为我们毕竟老是面对中学教研，老是面对这些工作内容，我觉得上不了一个新的台阶。（YIT20120627）

正如英老师所说，多年的教学经验使教师乃至教研员思路变得狭窄。僵化的观点影响着教师研修的有效性。辛老师的到来打破了很多教师固有的知识和经验，这种崭新的参与形式超越传统教研活动的桎梏。辛老师已经走出去，走进"另外一个圈子"，改变了传统高校学者所践履笃行的专业生活方式。她与教师、教研员进行教学合作与研究，发挥了桥梁的作用，跨越了机构的边界，弥合了传统观念中理论与实践的分界。

5.2.2 重塑教师学习：继承与革新间的权衡

本研究中，高校外语教师教育者基于对教师学习规律的深刻理解以及对教师实践现状的深入了解，跨越教师职前培养、在职培训与使用机构的边界，通过多方的合作与互动，以课例为中介工具并结合多种模式促进教师学习，显示出其教育专长具有重新塑造教师学习的作用。

何谓学习？这是一个很"原始"的话题。人类对"学习"的关注甚至比"教育"出现得更早。随着人们对学习本质认识的转变，"教师学习"的模式也经历了从最初的"工匠模式"（craft model）到"应用科学模式"（applied science model），再到"反思取向"，直到近期"社会文化取向"的衍变（Wallace，1991；Johnson，2009）。Maggioli（2012：13）生动地将这四种模式比作"观而学"（look and learn）、"读而学"（read and learn）、"思而学"（think and learn）及"参与而学"（participate and learn），突出了这四种教师学习模式的本质。辛老师对我国目前外语教师教育模式进行了反思，她在其研究报告中写道：

> 教师是知识的被动接受者还是主动建构者？目前很多的培训课程是由一些远离日常教学的人员设计，很多课程不是以理论介绍为主就是介绍具体的教学操作，很少有能将理论和实践有机结合的课程……另外，在许多地区，学校或行政部门通过采用记学分、职称评定等办法吸引老师参加进修，但是设计的课程多与教师的教学实践相脱节，或是没有系统性，不能满足教师的需求。这样造成的结果是教师们表面上参加了进修，却收获甚微，很难获得真正的成长。另外，很多教师参加进修回到学校之后，彼此之间缺乏进一步的沟通和互动，更不去结合自己的教学实践经验，很难发挥研修的整体效果。（XRR20140124）

从辛老师的反思可以看出，现实中我国外语教师培训课程和研修活动大多采取了知识传输式的应用科学模式，忽略了教师自身的经验、反思、参与及能动性。在不同的国家或地区四种教师学习模式都有各自的"市场"，但它们曾经一度被认为是相互排斥、相互竞争、非此即彼的。和这些传统的观念不同，辛老师认为，这些教师学习模式并不矛盾，教师应根据具体的教育情境最大限度地结合并发挥各模式的优势。伴随着知识时代的端倪初现，创新在经济发展中的重要地位被建立起来，各种革新的观念、思想、技术受到追捧，人的创造性潜能也受到前所未有的重视，但创造性并不意味着一味求新，除了新颖性或独创性，革新的有用性、适切性或社会价值以及对客观规律的尊重也同样值得认真考虑。她说：

　　结合这些模式，要有灵活的地方，要根据情况不停地变，但核心是想要老师们的学习发生。以此为出发点，根据情况来设定一个教学活动。要让学习发生，要满足教师需求，所以方法就要调整。我觉得对在职教师来讲从案例入手是更有效的，教学方法应根据他们的情况来调整。但我的出发点、核心点是一样的，都是为了让学习发生，不是为了教而教。（XIT20130718）

　　辛老师的该观点与Maggioli（2012：8）不谋而合。后者提出，选择某一种模式并不意味着完全摒弃其他学习的途径，因此，可以将这四种模式理解为一个连续体，教师教育者可以应情选择适切的模式以达到教师学习的终极目标。辛老师作为高校教师教育者和研究者引领的教师学习活动前后历时三年多，尝试实践了三种不同教师在职学习模式，包括短期教师培训、教师自愿研修小组活动和课例研究，最终采用课例作为中介工具，为教师学习提供支架。辛老师解释了通过课例研究促进教师学习的优势：

　　纯理论的介绍无形中拒教师于千里之外，让教师难以消化，也容易忘却。而课例立足于课堂，只有将语言教育理论置于鲜活的教学实践中，化为个体的教育经验或事件，才能触动教师多年缄默的实践知识，并开始与显性的语言教育理论进行对话，使其多年积累的实践智慧从"缄默"的状态中走出来，与实践共同体的其他成员得以互相分享。这时理论对于教师不再是遥不可及的"星空"，而是实实在在的"大地"，可以用于指导自己的教学实践，而实践则帮助教师逐渐将语言教育理论内化为教师自己的知识。（XRR20140124）

辛老师在并不排斥其他模式的前提下，更加倾向"参与而学"的模式。最早苏格拉底指出，学习是相遇与对话，是与客观世界对话（文化性实践）、与他人对话（社会性实践）、与自我对话（反思性实践）三位一体的活动。从这个意义上来说，学习是合作性的，是与多样的思想碰撞，是基于与他人合作的冲刺与挑战的学习。佐藤学（2003a）也认为，真正的学习是协同学习，包含三个要素——相互倾听，有挑战性，符合学科本质。辛老师认为，那种让外界看起来开展得并不顺利的研讨活动，往往因为有了倾听、思考和冲突的过程，使得教师学习真正地发生。

辛老师在考虑已有模式的同时，还把握了改变的机会，突破限制，寻求革新。革新也包含多种形式，即已有知识的改变、新知识的学习、新知识的创建、新制品的发明运用等。可以说，她是在继承与革新之间不断调适，并最终找到了平衡点，避免了两个极端——或局囿于已有模式，或过度追求创新。前者会使主体故步自封，放弃革新和发展的机会，甚至因为无法应对变动的环境而难以生存；后者则会使主体放大主观能动性而破坏客体或环境的客观规律。本研究中以课例为载体的模式营造了专业合作与对话的氛围，创造了专业引领的机会，搭建了专业学习的平台。辛老师尤其强调了具有专业引领的参与式学习，她认为：

> 杜威说得很对，还是做中学，但这需要一个 guided participation（有引领的参与）。不是说"现在老师们做吧"，就撒网了，放开手随便做吧。那肯定不行，应该是指导性的参与。要不然很可能花费了时间和精力，还在原有水平上重复，这就是顾泠沅教授所说的"萝卜烧萝卜还是萝卜"。（XIT20130722）

为了实现基于课例的教师学习模式，辛老师深入教学一线，长期与教研员和教师进行交流，倾听教师的实践智慧，并结合自己的理论知识帮助教师提炼其实践智慧。外语教师教育者的专业引领是理论走向实践的一种途径，它们在教师专业发展的过程中相当重要。当然，在课例研究中专业引领不仅局限于高校教育者的引领，教研员与骨干教师也可提供引领。从主题选择到教学研讨活动、课例总结，教师教育者、教研员和教师都可参与。教师间的差异也促发进取，激发发展的需要。因此，本研究中高校外语教师教育者、教研员和教师共同搭建的以课例为中介的专业学习平台提供了发掘教师隐性知识、让教师的隐性知识显性化的机会。此外，辛老师还指出，真诚的交流和真实的参与是保证高校外语教师教育者与教研员及教师长期合作以促进教师学习的重要基础。

5.2.3 创建合作探究文化：扎根课堂

一线英语教师、教研员和高校外语教师教育者三方通过中介工具的互换、社会话语的协商及矛盾的化解，最终使活动系统发生了从教师学习教学到多方共同学习和发展的转化。他们突破了传统教师教育活动的窠臼，促生了崭新的合作探究文化。

首先，本研究中扎根课堂、基于课例的合作教研活动有利于解决正式理论研究无法解决的教学实践问题。纯理论研究很难有效地与复杂多变的教师实践、课堂的生态环境和层出不穷的问题对接，并且纯理论的传输是对知行的割裂。辛老师指出，一线教师在师范教育中接受的各种学习理论，很少能够和他们日后必将面对的教学实际问题发生联系。教师"仆伏"在诸多的语言习得和教学理论面前，丧失了探究的主动性与自信心。教学是一项系统工程，企图通过一次性改革就使教学发生彻底的变化是不可能的，只有关注课堂里那些微小的细节并通过改进这些细节进而改变教学才是最可行的方式，才能积少成多，使教学发生实质性的改变。

其次，在此合作探究文化中，教研员、教师和研究者建立了一种比任何其他教师教育模式都更加亲密的联系。合作带给教师最重要的变化就是，教师能够感受到在处理教学困境和挑战时他们并不是孤立无援的（Borrero，2010）。辛老师也认为，高校教师教育者与教师之间的及时交流可以增加双方之间的信任和理解，化解教师心中的困惑，教师能更加积极地采纳创新教学理念和方法，因为他们知道自己不再是孤独的。此外，辛老师还指出，任何讲座中介绍的方法都会穷尽，只有教师真正理解符合语言学习规律的教学理念和教学方法，才能根据教学实际，创造出适合自己学生的教学方法。合作能够提供给教师分享资源和探讨共同关切问题的契机，并在共同的教学语境下建立新概念与新教学策略的相互联系（Darling-Hammond & McLaughlin，2011）。一位教师在反思日志中写道：

> 我不再是孤身奋战了，每个环节都会有其他教师的参与。在每一次讨论中，我感觉这不再是我自己一个人的课堂，是辛老师的，是惠老师的，也是所有参与研讨的老师的。（TRJ20121020）

最后，浸润在合作探究文化中让参与主体都发生了积极的改变。辛老师自己也从教研中获益颇多。在参与教研活动之初，辛老师比较注重语言习得和教学的理论而忽视了理论与实践相结合。一些教师反馈，理论与实际脱节造成他们在实际教学中无法应用这些教学理论。基于教师的反馈和自己的思考，随着活动的深化，辛老师不断调整自身，理解教师及其现实教育情境，逐步赢得更多教师的认同。而且，在教研过程中辛老师发现：

不光是我，惠老师也在变化，还有其他老师也在变化，一些跟我联系比较密切的老师。（XIT20131212）

很多教师都表示，辛老师所提供的理论支持为他们的教学设计注入了创新的活力。很多教师之前靠的是教学经验和直觉来设计教学内容。辛老师为教师提供的理论支持使教师教学设计的目标更加明确，并能更加自信地在实践中运用理论。一位教师说：

我觉得我也是这么做的，但是没有理论指导，我不知道我为什么这么做不对，或者我不知道为什么这么做，但听完专家的指导后，觉得理论上有收获了。（TIT20120613）

高校教师教育者的参与使教师跳出了原有教师学习活动的封闭空间。原有活动形成了一个相对狭小闭塞的圈子，不利于观念更新，并且教师间的互助和分享容易导致同质重复。辛老师的参与给活动带来了新理念和新视角。正如教研员英老师所言，多年的教学经验使很多教师和教研员的思路变得狭窄，僵化的观点影响着教研有效性。高校外语教师教育者的参与和引领让研讨活动超越了教师的日常经验，让教师在思考的深度和广度上达到了前所未有的程度，使教师零散的反思变得系统化。由此可见，高校外语教师教育者专长在教师与教师之间、教师与教研员之间、教师与高校外语教师教育者之间及教研员与高校外语教师教育者之间，构建起一种新型的讲求合作、协商、共识、主动的人际关系，促进了学习型探究文化的建设，把教研落在了实处，使学习成为自我发展的内在需求，增进了以创新知识为特征的发展活力。

5.3 小　　结

本章第一节从四个方面对第三个研究问题"高校外语教师教育者的专长表现"进行了分析与描述。本研究发现，首先，高校外语教师教育者辛老师表现出一定程度的元认知，包括她对自我、情境与客体的认知，以及自我监控和适应性调节的技能。其次，她具有学习的倾向，包括对新情境的理解、自我学习和发展以及创新的能力。最后，她在与多方合作的过程中表现出了理论与实践的互动。换言之，她具有深厚的理论基础和丰富的实践经验，能够自由地游走在两者之间以促进两者的共生。与此表现最相关的另一表现就是元解说，这指的是对教学示范过程中教学法的选择、实施及背后机理的显性叙述。

  第二节分析了第四个研究问题"高校外语教师教育者专长发挥的作用"。首先，从高校外语教师教育者辛老师的专长在面对新情境时表现出来的适应性和灵活性特征来看，她能够克服新情境中的困难和挑战，显示出其专长具有帮助主体实现在不同情境之间横向跨越的作用。其次，她基于对教师学习规律的深刻理解以及对教师实践现状的深入了解，通过跨越教师职前培养、在职培训与使用机构的边界，引领多方的合作与互动，以课例为中介工具并结合多种模式促进教师学习，显示出其专长具有重新塑造或诠释教师学习的作用。最后，其专长最终使活动系统发生了从教师学习教学到多方共同学习和发展的转化，突破了传统教师教育活动的窠臼，促生了崭新的扎根课堂的合作探究文化。

第6章 讨　　论

本书的第四、第五章分别呈现了有关高校外语教师教育者专长拓展过程和影响因素，以及专长特征和作用的研究发现。本章对第三章所建立的理论框架做进一步的思考，并进一步对主要研究发现进行综合论述，最终尝试对该教育专长进行再定义。

6.1　高校外语教师教育者专长概念框架再探

在本书第三章中，基于对已有相关文献的整理和批判及研究者的初步观察和思考，在 Engeström（1999）的拓展学习理论的启发和观照下，笔者根据 Clarke 和 Hollingsworth（2002）的专业发展成因关联模型初步建立了高校外语教师教育者专长概念框架，以简洁、直观的方式将研究问题所包含的重要方面呈现出来，并初步展现了研究的理论设想。最初的概念框架主要包含四个维度：高校外语教师教育者专长拓展的过程、对该过程产生影响的因素、其专长表现及作用。作者以该概念框架为导航和支架，走进质性研究的场域，经历了一个个鲜活的外语教师教育实践情境。随着研究的深入和研究者的省思，概念框架不断地被充实和完善。在此，作者重新回到研究概念框架，对研究发现再做审议，即分别从个体及社会的视角进行更深入的探讨和补充。

6.1.1　高校外语教师教育者专长拓展过程

适应当代发展的专长需要由一种新的方式产生，它不是建立在传统观念中那种稳定的、层级的个体知识和技能基础上，而是要建立在跨越边界的、网络化的交流互动以及合作协商的团队能力上，以应对多变的客体和活动系统的重组（Engeström，2010）。本研究在 Engeström 的拓展学习理论的观照下发现，由来自不同活动系统的主体——高校外语教师教育者、区教研员和中小学英语教师创建的在职英语教师研修活动具备了活动系统的基本要素：来自不同组织的多元化主体、不断衍化的客体、多样化的中介工具、具有共同目标、协作与分工及行为规则的共同体。高校外语教师教育者专长拓展是在多方主体共同打造教师学习新模式的目标指归下，通过工具的分享和转化、社会话语的协商和争论，以及多层级矛盾的角力而不断发展的学习过程。

20世纪80年代以来，一方面，脑科学的发展在一定程度上揭示了个体学习某些技能或知识的内在认知机制和生理基础，为我们理解个体学习是如何产生、为何产生以及学习者个体差异提供了可能；另一方面，随着社会学的发展，尤其是对社会学与社会心理学之间"灰色地带"的研究取得了进展，人们对学习的认识具有了生态化、情境化以及文化取向等特点，扩展了传统心理学对学习机制的认知（吴刚、洪建中，2012：24）。在此情境下，Sfard（1998）为了区分不同的学习范式，使用两种隐喻来区分传统学习观，即"习得"隐喻和"参与"隐喻。前者意为学习是一个技能与知识的个体习得过程；而后者在很大程度上是受到Lave和Wenger（1991）的实践共同体概念的影响，强调学习的本质是个体参与实践、与他者及环境互动的过程，是形成参与实践活动能力、提高社会化水平的过程。无独有偶，Illeris（2007）在他的整体性学习理论中将学习分为了两个过程，即"个体与环境互动的过程"和"心智习得与加工的过程"。这两种学习观的主要划分维度都是：学习者是个体还是集体。这种从单一维度去构建学习的概念空间，遮蔽了学习过程的复杂性和不确定性。Engeström（2010）强调，对学习的认识应该从多个维度来分析，并认为Sfard两种学习隐喻的最大问题在于未能从创新与变革视角来看待学习，对学习的认知有保守的倾向。因此，他提出了一种新型的"拓展"隐喻（见图6-1）。

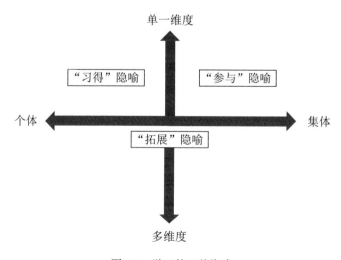

图6-1 学习的三种隐喻

在Engeström（2001）看来，拓展性学习关注的不是知识的传承，而是关注学习的过程,尤其是关注在工作场域中知识及活动系统创新的过程,学习的主体也从个体衍变为集体和组织网络。因此,传统的知识传递和个体学习受到了严重的挑战,而活动拓展的过程和组织学习的过程成为关注点。由此可知,无论是在学习的主体,还是在学习的客体、过程和结果方面,"拓展"学习观较之传统的"习得"和"参与"学习观有着极为明显的差异,具体如表6-1所示。

表6-1 传统学习观与拓展学习观的对比

要素	传统"习得"或"参与"学习	本研究中的"拓展"学习
学习主体	个体或集体中的个体	集体或组织网络
学习客体	事先已定	事先未知
学习过程	能力的垂直提升 层级知识和技能的习得	知识的水平互动与融合 中介工具的交换与转化 社会话语的协商与争论 矛盾的不断生成与化解
学习结果	获取知识 主体行为的改变 文化的传承	创造新知 产生新的实践活动系统 建构多元合作行为和制度 文化的变革与创新

第一,高校外语教师教育者专长拓展过程中的学习主体与传统学习中的主体之间存在差异。后者关注的主体是学习过程中的个体或集体中的个体,而拓展性学习的主体是集体或组织网络。在本研究中,作为主体的高校外语教师教育者、城区英语学科教研员和一线中小学英语教师来自不同的机构组织,具有各自的先前经验、知识基础、身份认同和个体特性等,但是共同的旨趣和责任让他们走到一起,并合力构建新的活动系统和学习共同体。

第二,高校外语教师教育者专长拓展过程中的学习客体与传统学习中的客体不同。传统学习的客体是事先已确定的,如某项技能或某个学科的内容知识。而在拓展学习过程中,主体事先对学习的内容是不知道的,学习的目的也不是为了获得已存在的一些知识与技能,而是为了建构新的客体和活动系统。例如,本研究中高校外语教师教育者辛老师在最初参与中小学教师的教研活动时并不明确要建构怎样的在职教师教育模式,她是"摸着石头过河,趟出了一条路来"。然而,在行动的过程当中正是客体的这种不确定性和复杂性,促进了主体在面对陌生情境时的灵活性和适应性;也正是客体的多变性使主体原有的专长捉襟见肘,并迫使主体不断调适并拓展已有专长,相应发展多样灵活的解决方案。

第三，高校外语教师教育者专长拓展过程中主体的学习过程与传统学习过程不同。后者关注能力的垂直提升及知识经验的不断习得，而前者的拓展过程要经历一个循环。该循环始于个体对业已存在的实践或经验的质疑，逐渐发展成为集体行为或制度。具体来说，拓展性学习首先从个体质疑现有的实践活动或规则开始，随后会有越来越多的人加入，最终形成一种新活动的框架，以及新拓展的活动客体和以客体为导向的活动系统。比如，在本研究中高校外语教师教育者辛老师参与到合作教研活动中后，一线英语教师原有的教学理念受到冲击，于是他们开始质疑自己现在的教学活动，这种质疑要求突破现有教学活动系统的约束，可能会有个别教师率先改变自己现有的教学方式，最终扩展到整个学校的教师集体开始采用新的教学方式，从而形成一种新的教学活动方式。这种由个体单独活动的行为最终衍变为一种集体的活动形式，就是一种活动的拓展，也是一种集体的学习过程。

具体而言，本研究中高校外语教师教育者专长拓展是一个知识横向的互动与融合、中介工具的交换、社会话语的协商、矛盾的生成与化解的学习过程。

首先，在与教师交换和转化中介工具的过程中，辛老师了解到中学一线教师的困惑与需求，提升了将学术理论转化为课堂实践的能力，丰富了她的资源库，并促使她更进一步地思考理论和实践如何互动。因此，外语教师教育者专长拓展是横向学习的过程，是源自不同活动系统的主体之间进行已有中介工具的互换和分享，并生成新型混合工具的过程。

其次，来自不同活动系统的社会话语之间的对话与协商促成了"多重声音"。在本研究的横向学习情境中，辛老师通过与一线英语教师对话和协商，倾听教师和教研员的多重声音，增加了对一线学情的理解，改善了研修内容和话语方式，发展了其教育专长。此外，该专长的发展还是一个由内部矛盾驱动的拓展学习的过程，其间充满着各种张力的较量，主要有四种形态的内部矛盾：存在于活动系统主体内部的初级矛盾，即"天上的what"与"地上的how"之间的矛盾；存在于活动系统的工具和客体之间的次级矛盾，即理论说教和教师学习之间的矛盾；存在于原有活动与更高级文化活动之间的三级矛盾，即珍视经验与重构经验之间的矛盾；存在于中心活动与邻近活动之间的四级矛盾，即高校外语教师教育者教育实践和学术研究之间的矛盾。在高校外语教师教育者与教师、教研员合力化解层层矛盾的过程中，教育专长得以发展。

最后，高校外语教师教育者专长发展过程中的学习结果与传统学习的结果不同。后者学习的成果是主体获取已有知识，其行为发生持久改变，或者共同体的文化得以传承。而拓展性学习是将一个简单的观念拓展成为一个复杂的活动目标或者形成一种新的实践形式，尤其强调改变已有实践和重构新活动的能力，旨在创造新知，产生新的实践活动，建构多元合作行为和制度，促进文化的变革与创新。Paavola、Lipponen 和 Hakkarainen（2004）指出，个体认知或社会互动的传统视角不足以解释专长的发展。由此，他们提出了一个知识创造视角（knowledge-creation view），并认为知识创新型共同体为理想中的实践共同体。在本研究中，活动主体共同构建了有高校外语教师教育者参与和引领的、扎根课堂教学实践的新型在职中小学英语教师学习模式。换言之，作为集体的主体们共同建构了新的活动系统和教师探究文化，同时也发展了高校外语教师教育者的专长。

6.1.2 高校外语教师教育者专长个体表现

传统的学习观将学习理解为一种心理认知活动，强调个体所得到的学习结果，如学到了什么、发生了怎样持久的变化等；或者描述个体心智发展的过程（吴刚、洪建中，2012）。因而在较早的教师专长研究中，一些研究者从认知的视角关注了个体教师的知识、信念及态度等。例如，Shulman（1987）发现，教师知识是一个包括学科知识、教学知识、学科教学知识、课程知识、学生知识等的"合金"。由此，教师学习成为了教师个体通过教师教育活动或教学实践建构各类知识的过程。专长的状态观和原型观就是在这样的学习理论观照下产生的。持这类专长观的研究者大多考察了专家相对于新手所表现出的卓越特征，尤其是专家知识的特征和构成。从该个体视角探究专长的表现为研究者不断接近专长的本质提供了重要的线索。虽然 Tsui（2003）在其研究中提倡"专长过程观"，但她也承认专家专业表现是专长这枚硬币不可或缺的一面。同样，在考察教师教育者的教育专长时一些研究者也采取了个体视角。

一些研究者应然地提出了教师教育者须具备的专业知识或技能等。如 Koster 和 Dengerink（2001）为荷兰教师教育者制定了专业标准，提出他们应具备学科能力、教学能力、组织能力、沟通能力及个体发展能力。针对外语学科的教师教育者，Waters（2005）指出，他们应该具备有关教师学习环境、心理和学习过程等三个方面的知识和技能。然而，极少有研究者实然地描述现今教师教育者所具备的教育专长。Wang（2012）指出，外语教师教育者的知识和专长有待进一步外显，以增进学界对这一职业的了解。因此，本研究把外语教师教育者在合作教师学习实践活动中不断发展并凸显的个体专业表现作为探究的主要问题之一。

第一，高校外语教师教育者辛老师的专长表现之一是元认知，包括对自我与客体的认知，以及自我监控和适应性调节的技能。首先，她具有将自己视为"优秀的新手"的自我认知，学习者身份意识助她不断学习。此外，她对情境或客体具有自己独特的认知，如把新问题看作学习和探究的起点。其次，她拥有的元认知技能和策略使其能监控自身的知识和行为，了解并反思自己已有的理解水平，判断它是否充分，并能从多元视角审视问题。因此，通过对自己的行为和知识进行反思和调节，辛老师能够根据不同的情境提出不同的问题解决方案，反思已有的判断或通过他人观点反观自己的观点。此外，她在新情境中能够进行适应性调节。这种适应性调节具体表现为主体与新情境的主动交互，如对新情境中的信息作出判断、提出疑问，或者提出试探性的观点，并通过在该情境中的实践来验证、完善观点。高校外语教师教育者之所以能够在理论和实践之间游走，能够对教学进行评论与阐释，能够以学习为导向，是因为他们拥有并不断发展着自己的元认知技能和策略。

与此类似的是，Smith（2005）也发现教师教育者应具有反身性和元认知的技能。Glaser 和 Chi（1988）强调，自我监控能力和元认知技能是专家组织良好知识基础的重要体现。美国教师教育者协会（ATE）（2002）制定的七条教师教育者专业标准之一就是，专家教师教育者须能系统地探究和反思自我实践。然而，较早的研究发现提出，专家表现依靠本能和直觉，是非反身性的，因此，专家的行动是自动化的、不需要思索的（Dreyfus & Dreyfus, 1986）。Tsui（2003）指出，这类研究发现可能是研究过程中的任务类型导致的。换言之，在较早的专家和新手的对比研究中，任务比较简单，对专家没有挑战，因此专家表现得不假思索，轻而易举。因此，她赞同在追求卓越的连续动态过程中主体需要做"有意识"的努力。

第二，高校外语教师教育者辛老师具有在经验中学习的倾向，包括对新情境的理解、自我学习和发展以及创新知识的能力。首先，她在学习的倾向维度上具体表现为能反复探索新情境，全局检阅并充分理解新情境。她对貌似常规的新情境保持警醒，愿付出更多的时间了解新问题，接纳而非排斥新异现象，并由此激发探究的兴趣，将新事物视为拓展性学习经验的新起点。其次，辛老师的学习倾向表现在她学习新内容和自我发展的能力，如对新事物有明显的关注、好奇或兴趣，并能结合自己已有的经验分析、阐释新内容，根据解决问题的自我需求主动学习新内容，持续不断地尝试修正自身关于学习的技能与态度，包括实践、自我监控、避免平原期而寻找发展途径的技能与态度。最后，学习倾向还表现在她根据当下情境通过新的学习不断完善自己的理解、发展新观点或建构新知。在对已知与未知事物的反应上，辛老师珍视已有知识，还能够认识到"知识的动态性本质"（Martin et al.，2006），将未知对已知的冲击看作开始新学习、建构新知识的机会。

这一研究发现与各国研究者有关教师教育者的主张或发现比较一致，如 Koster 和 Dengerink（2001）在制定荷兰教师教育者专业标准时提出，教师教育者应具备实现个体发展的能力。Smith（2005）研究发现，教师教育者要有建构新知的能力。Zhu（2010）也指出，教师教育者的关键角色之一就是永不停歇的学习者。Waters（2005）强调了外语教师教育者对情境的洞察能力，认为其专长要使他们能够发挥类似人类学家的角色，洞察教师心理和教学情境，透彻地解读这些透镜背后的深层意义。在其他专业领域也有类似的研究发现。例如，Bereiter 和 Scardamialia（1993）在写作专长的研究中也发现，于经验中学习的能力在专长发展中扮演着极为重要的角色。Tsui（2003）发现，专家型英语教师善于探索和试验，能质疑没有问题的问题，并且主动寻找挑战，在自己的能力极限上工作。由此可见，高校外语教师教育者专长同样是一种学习型专长。

第三，本研究发现，高校外语教师教育者辛老师在与多方合作的过程中，表现出了理论知识与实践知识的互动。她具有深厚的理论基础和丰富的实践经验，能够游走在两者之间以促进两者的共生。可以说，理论与实践的互动是构成其教育专长基础的必要条件。这与 Tsui（2003）针对专家型英语教师知识本质的研究发现一致，她发现专家型英语教师具备将理论知识实践化并将实践知识理论化的本领，他们既能够用正式的知识对经验给出个人的诠释，又擅长在经验中有意识地反思和总结。然而，现实中大部分非专家教师常常无力将职前所学的理论知识转化到工作场域当中（Waters，2005）。因此，他们需要具有这样能力的教师教育者为他们提供专业支持与引领，化解理论与实践的二元对立。

Eraut（1994）认为，外语教师职前学习和在职学习这两种情境可促进教师发展出两类不同的知识，即命题性知识（propositional knowledge）和体验性知识（experiential knowledge）。换言之，在职前学习中教师更可能获取的知识形式是显性的理论原则，而在职学习使教师汲取更多的是缄默的"知道如何做"。我国现行的英语教师在职培训仍然以外控的理论传输模式为主，这一模式疏离真实的课堂，缺乏对教师实践智慧的关照和提升。在教育过程中，高校或培训机构和一线教师双方关注视点的两维向度导致了理论和实践的二分。前者往往是实践的思考者和旁观者，负责教育理论的传授和诠释；后者则成为理论的接收者和消费者，负责把理论按照程序用之于实践。这样的外语教师教育现实问题要求外语教师教育者具备相应的知识或技能，以促进外语教学的理论知识和教师的实践性知识之间的动态互动。

本研究中，高校外语教师教育者辛老师发现，虽然许多教育者或研究者已逐渐意识到了理论与实践二分的沉疴，并且要求一线教师在实践中将二者统一起来，但是如何在教育过程中帮助教师在理论与实践之间架起一个适宜的通道，尚未引起足够重视，也未进入外语教师在职教育活动的实施层面。随着合作教研活动的深入，辛老师在尝试了教师自愿研修小组、短期培训和课例研究等多种教师教育活动方式之后发现，只有真正进入现实错综复杂的问题情境，才有可能弥合理论和实践之间的分裂，使理论真正焕发出旺盛的生命力。

在与教师分享理论知识的同时，辛老师以教师的实践（如课例教学计划、公开试讲等）为关键中介工具，帮助他们将适宜的理论恰到好处地应用于各自特定的教育情境中，以实现理论实践化。例如，她结合学术写作教学理论、中小学生的认知能力以及情感教育的新课标理念，提出了"读写结合"的教学方法，通过诗歌创作的任务提高学生学习英语的兴趣，激发学生的学习能动性，改善了原本让一些教师感到"沮丧"的语法教学。与此同时，辛老师还帮助教师通过有意识的思考和研究，把自己的教学实践智慧上升到理论高度，即实现实践理论化。例如，一些教师基于自己的教学经验，已经积累了许多可以在课堂上发挥作用的教学技能和策略，只不过不知道这些技能和策略好在哪里，不知道其背后的理论原理以及这些理论与教学实践的具体关系。换言之，当一线教师无法将自己缄默的、隐性的实践智慧显性化的时候，辛老师通过邀请教师写反思日志的个体活动和参与小组研讨的集体活动，帮助他们回答"我是如何知道我所知道的？我怎样知道我这样做的原因？"这类问题（Shulman，1988），并且通过她进一步的元解说，"将技能背后的原则言语化"（Lin et al.，2007）。

Munby、Russell 和 Martin（2001）也提出，建立实践与理论之间的联系是教师教育的关键问题之一。以上例子都显示了教师将理论知识转变为实践知识，以及通过反思和探究将实践知识上升为理论知识的能力。这种互动能力深深地扎根于来自具体工作情境的实践经验（Tsui，2003）。在这样理论与实践的互动过程中，辛老师超越了大多数教师认为"理所当然的经验世界"（Marton，1994），通过反思和研究，引领教师将从经验中获得的实践知识显性化，并在具体的教学情境中对理论知识进行本土化的诠释，帮助他们把这些正式的知识转化为教师个人的实践知识。

第四，与这种理论与实践互动能力最为相关的另一个专长特征就是元解说，在此指高校外语教师教育者辛老师在课例研究过程中对教学法的选择、实施及对其背后机理等的显性表述。本研究发现，虽然辛老师本人未直接做过教学示范，但是在观课后对示范教师的课堂设计、教学策略的选择及实施，以及改进建议背后的理论依据频繁地进行了大量的元解说。在本研究情境中，元解说超越了对教学示范进行的"孰是孰非"的评估，更强调对教学方法的选择、实施及其理论依据作出明确的解释和评论。首先，辛老师通常在观课后会明确指出示范教师对教学方法和策略的选择，并提供多种改进方式，这是一个向教师揭示教学"是什么"的过程；其次，辛老师会通过隐喻或案例等方式逐步阐述某改进方法的实施过程，就是一个为教师揭示教学"怎么做"的过程；最后，她还会叙述该改进建议背后的理论依据，这是向教师揭示"为什么"的过程。

这一发现与 Smith（2005）通过小范围开放性问卷调查发现有相似之处，他发现教师教育者需具备解释教学隐形知识的表述能力和将理论与实践勾连的能力。Lunenberg、Korthagen & Swennen（2007）也强调了教师教育者在行动中诠释教学理念的重要性。此外，Smith（2001）研究发现，由于教师的师傅或指导老师无法用话语表述或解释专业技巧，高校教师教育者不仅要将有用的"招数"显性化，更需要将其示范行为与公共理论衔接起来。Smith（2001）进一步指出，优秀的教师教育者应为教师阐释"怎样做"和"为什么"，用言语表述教学隐性知识，帮助教师意识到该知识的存在，并将实践经验提升到理论层面。Bullough（1997）描述了对实践经验进行理论化的阐述是如何帮助他实现作为教师教育者的自我发展的。然而，也有证据表明，一些教师教育者如同教师一般，无视理论的存在，仅依赖个人经验和常识，并未有意识地将隐性知识用言语使其显性化。值得注意的是，本研究中的元解说与 Wood 和 Geddis（1999）倡导的元解说存在两个方面的差异。第一，后者研究中教师教育者本人进行教学示范，而在本研究中一线教师进行教学示范。第二，后者研究中的教师教育者对教学示范进行的是几乎共时的、在线的元解说，而本研究中外语教师教育者是在教学示范后对教师进行了略微延时的元解说。

此外，本研究中外语教师教育者辛老师在其合作课例研究项目中努力避免以权威或法官的姿态居高临下地看待课堂教学和评判"毫无防备"的教师，最终用平等分享的姿态让教师放下了防御，敞开了心扉。这样的元解说可以消弭教师和教师教育者之间不平等的权力关系。在传统的教学研讨中，教师与观课者之间形成的"观摩与被观摩"的关系是单向的权力关系。佐藤学（2003a）指出，教研活动中之所以出现形式主义和走过场的现象是因为研修变成了课上得好或不好的评价，并且这样的评价话语太多。

以上关于高校外语教师教育者专长表现四个方面的发现，是基于本研究独特的现实教育情境和个体，与之前针对其他教育情境、专业领域及个体的研究发现及愿景有相近之处，但也必然存在着差异。

第一，美国教师教育者标准显示，教师教育者要能够示范（model）专业实践（ATE，2002）。而在本研究中，教师教育者的显性示范作用并未凸显。究其原因，可能是由于美国教师教育者与本研究中辛老师的成长轨迹不同，而造成我国教师教育者显性示范的缺位。美国教师教育者多为学科一线的专家型教师出身，而辛老师虽然有数年高校英语专业教学经验，但她未从事过中小学英语教学。她的成长更多依赖于多年对中小学英语课堂的观察以及与一线教师的对话、互动及融合。但是，在与教师合作的过程中，辛老师的隐性示范作用还是存在的，例如，多位教师和教研员提及，辛老师不计回报的敬业精神对他们有很大的触动。

第二，荷兰研究者 Koster、Brekelmans 和 Wubbels（2005）通过德尔菲法（Delphi method）发现，组织和人际交流能力是教师教育者所应具备的能力。美国教师教育者协会（2002）也提出，教师教育者应具备领导力。Waters（2005）指出，外语教师教育者需具备人际沟通能力，包括协调课程内容以及和学校多方联络的技能等；他们还需具备管理能力，包括制定预算、协调关系、团队建设的技能等。总之，教师教育者是融人际交往、领导、组织、管理等多种能力于一身的变革促进者。本研究中的高校外语教师教育者辛老师也在一定程度上体现了这些方面的能力，例如，她建构教师自愿研修小组，参与基于课例的合作研修活动，并与一线教师和教研员建立了良好的关系网络。当然，大多数活动都是由具有行政权力的教研员组织开展的，如选拔、联络并召集教师、制订研修计划、安排研修时间和地点等。因此，在本研究中，高校外语教育者的领导力与组织能力等在研究资料中并未凸显。

6.1.3　视角的整合

第一，通过对相关文献的评述，我们发现学界对专长的理解历经了从"状态观"到"原型观"再到"过程观"的转变。在"状态观"的观照下，探究专家特征、专长内容构成、专家发展阶段成为理解专长不可或缺的方面。这个阶段的研究大多采用根植于认知心理学的实验研究方法，比较了专家与新手的差异。"原型观"整合了专家型教师的核心特征，加深了我们对专长表现多样性与分布性的理解。持专长"过程观"的研究者认为，专长是一个持续发展的动态过程，在此过程中专家不断为自己设立更高的目标并努力实现这些目标，从而不断扩展其能力上限。在此过程中，专家出于经验而习得相关知识，从而释放了认知资源，并不断把这种资源再投入到将常规工作"问题化"的过程中，以寻求问题的解决方案（Tsui, 2003）。在此，他们探究了支持和协调专长发展的动态过程和学习机制。例如，Tsui（2003）基于情境学习理论发现，专长的关键之一在于主体作为情境的因子与情境的互动，以及对"情境可能性"的探索。

然而，正如 Tsui（2005：184）所言，专家的专业表现和专长的发展过程是同一枚硬币的两面，两者都是理解专长本质的关键所在。因此，本研究关注了高校外语教师教育者的教育专长通过主体辛老师在活动中凸显出的个体专业表现，同时也聚焦来自不同活动系统的其他主体（包括一线中小学英语教师、城区英语学科教研员）与辛老师通过中介工具的互换、社会话语的协商以及矛盾的不断化解而拓展其教育专长的过程。

第二，专长领域的研究还历经了从个体的"垂直专长观"到集体的"水平专长观"的变化。过去，人们对专长的传统理解基本上都是垂直的、纵向的、层级的。这种传统意义上的垂直专长指的是某一专业领域知识技能的发展，即假定了一个刚性的、具有普遍性的知识技能等级系统，用"阶段"和"水平"来描述特定领域的知识和技能。这种垂直观塑造了一个划一的、独白式的专家形象。然而，飞速发展与变革的知识社会对所有专业人员提出了更具挑战性的学习与发展目标，因此，Engeström（1999）应景地提出了区别于传统垂直专长观的水平专长观。在他看来，专长的垂直维度固然重要，但水平维度的专长在由多元活动领域构成的、高度分工的现代社会里日益显现其价值。在工作中，专家需要参与多个平行的活动领域。这些多元的活动情境往往要求并提供了多种相互补充或冲突的工具、规则和社会互动模式。在不同领域或境脉中，对专家的知识和技能的需求有所差异。一旦涉及这种差异，专家就进入了自己不熟悉的领域，在某种程度上也是自己不合格的领域。换言之，专长具有多样性和分布性（Tsui, 2003），因此，专家面临挑战，需要通过协商、融合或互换不同领域的要素来解决问题，化解矛盾。由此可见，从纵向发展的维度讨论专长的重要性毋庸置疑。但当需要以合作、分享、协商及对话的方式解决问题、化解矛盾时，专家—新手对比研究中独白式的、垂直的专长观往往会自曝其短。

能够在多元活动境脉中跨越边界是水平专长观的关键特性。然而，垂直专长和水平专长之间并非进阶关系，后者并非前者的更高级别，水平专长并非只有在垂直专长的基础上才能得以发展。此外，传统的垂直专长研究大多解释的是典型认知任务中的静态个体专家表现，关注的是标准化条件下专长的重复再现，而水平视角则更强调从动态发展的角度来研究专长，更加关注已有专长在多元情境或新的活动系统中的拓展和变化。

第三，本研究最初的概念框架以 Clarke 和 Hollingsworth（2002）的专业成长关联模型为依据，该模型是基于大量实证研究成果而建构的，能体现在变化的情境中主要成因之间的非线性动态关联性，并且成功地包容了前人学习理论中的认知视角（cognitive perspective）和情境视角（situative perspective）。Clarke 和 Hollingsworth（2002）指出，无论研究者采取认知学习视角还是情境学习视角，专业成长的模型必须在理论基础的选择上具备前后一致性。就鉴于教学实践发生的专业情境而言，与学徒制相关的情境学习视角为教师学习及教师变化或成长提供了有吸引力的理论视角，体现了学习的社会学本质。从这一视角看，教师成长是在他们不断演进的实践经验中发生的。教师实践是教师个体知识和信念的表征，它促使教师群体形成实践共同体。如聚焦教师知识（如 Shulman，1987），那么，教师成长则是个体教师通过参与专业发展活动和课堂教学实践建构各种知识（学科内容知识，教学知识，学科教学知识等）的过程。关联模型融合了这两种视角，无须将知识和实践二分。换言之，该模型的建构者认为"知行合一"，即教师成长既可以是教师个体知识的发展，也可以是教师实践的进步。他们认为，该模型对两种视角的整合显示了两者的互补性。

然而，从本章先前关于三种学习隐喻的讨论可以看出，该模型所采用的两种视角与"习得"隐喻和"参与"隐喻的内涵基本一致：学习的主体就是个体或集体中的个体，学习客体就是事先已经明确的知识或技能，而且学习的结果就是知识和能力的垂直递增。相对而言，拓展学习理论对于本研究的多方主体、变化的客体、多元化的情境、不断更新的活动系统，以及对创新的诉求更具适切性。因此，在分析和解释外语教育专长发展过程时，本研究主要借鉴了拓展学习理论的多个概念和主要思想。

通过前文对主要研究发现的讨论以及对研究视角的进一步厘清，本研究基于原有概念框架重新审视了高校外语教师教育者教育专长的内涵（见图6-2）。本研究认为，教育专长的内涵主要包括两个维度：①在多方合作的在职中小学英语教师教育活动中高校外语教师教育者的个体专长表现；②该专长持续发展的动态过程。基于专长状态观、垂直专长观及个体认知学习理论等维度，本研究确定高校外语教师教育者的个体专长表现是理解该专长不可或缺的一个维度。因此，本研究分析并描述了在多方合作的教师学习活动中高校外语教师教育者个体表现出的元认知、拓展学习的倾向、理论与实践互动及元解说等特征（见图6-2中左边的圈）。基于专长过程观、水平专长观及拓展学习等视角，本研究确立在活动中高外语教师教育者专长不断发展的实践过程是理解其内涵的另一个重要度向。本研究发现并阐释了在该拓展过程中影响因素之间的互动机制，包括中介工具的分享与转化、多重声音的协商与争论及矛盾的生成与化解等（见图6-2中右边的圈）。

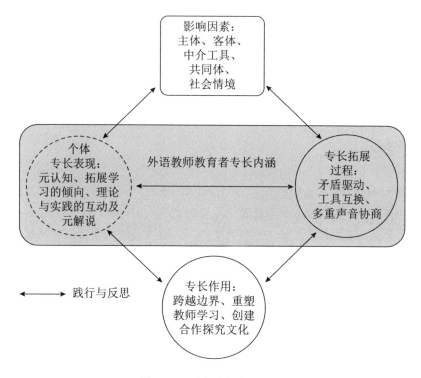

图6-2 研究概念框架之再探

6.2 高校外语教师教育者专长再定义

基于对已有文献的评述以及对高校外语教师教育者专业生活的观察和思考，本研究在第二章提出了一个高校外语教师教育者专长的尝试性界定，与传统的静态专长观相比，高校外语教师教育者的教育专长是其不断发展自己教师教育知识和技能的动态过程。通过一年多的实地观察、访谈、思考和沉淀，本节将尝试对该教育专长做一个再定义。

目前，学界对专长的认识发生了质的转变。专长的传统界定往往基于专家与新手的比较，如 Ericsson（2006：3）将专长界定为"区别专家与新手及经验不足者的特征、技能和知识"。Engeström（1999）提供了一种不同于常见的纵向专长观的横向专长观，该专长观重视多个活动系统间的横向学习在专长发展中的作用，将学习看作是成功和发展的主要动因，将知识创新作为新的学习观，不仅追求适应性地应对环境的变化，而且还追求对知识发展和社会变革的有力推进。多元情境的时代是高校外语教师教育者专长发展的宏大境脉，其快速发展与不断变革的特征要求包括高校外语教师教育者在内的所有人，必须通过持续性拓展学习才能更好地迎接变革与创新的挑战。Tsui（2003）指出，专家的专业表现与专长的发展过程是一枚硬币的两面，她更强调从动态发展的角度研究专长，并提出了一种动态专长观。本研究基于第四章、第五章对高校外语教师教育者专长的表现、作用及其发展的影响因素和过程的描述和分析，在拓展学习理论视角下，再次对本研究情境中的高校外语教师教育者教育专长进行界定：

高校外语教师教育者教育专长是指在不断变革且复杂的外语教育实践多元情境中，高校外语教师教育者为达到支持和引领教师学习的目标，通过与多方分享工具、对话、协商和交融，化解多层级的矛盾以跨越边界的动态拓展学习过程，以及在此过程中高校外语教师教育者个体表现出的元认知、拓展学习倾向、理论与实践互动及元解说等特征。

本研究中，高校外语教师教育者的教育专长能够帮助主体跨越不同问题、境脉或领域的边界，创造性地解决新问题，是一种能够迁移到新情境或陌生情境中的专长。具有这样的专长使高校外语教师教育者不仅能够有效地解决教育教学问题，而且能够将解决问题视为新的学习和发展的机会，通过问题解决加深对教育教学的理解，不断拓展已有的知识与技能，甚至创造出新的外语教学和教师教育观念、理论及模式等。而传统意义上的专家通常只能够解决熟悉的领域中自己所擅长的特定类型的问题，却难以应对新情境或陌生情境。此外，该教育专长还能够帮助主体在继承与革新之间做出权变和平衡，从而在革新的同时考虑并尊重原有的模式或规律，发挥主观能动性，寻求创新和突破。传统专家往往更多地被已有限制所束缚，不愿做出改变和革新。由此可见，该教育专长使本研究中的高校外语教师教育者不仅能够更好地面对复杂多元的教育教学情境，而且能够更好地适应变革中社会的双重挑战：一方面，教育者作为变革的一部分，能在信息时代更好地生存和发展；另一方面，教育者作为变革的主动发起者，能顺应未来社会的需求并引领教师学习，推动外语教育的不断发展与变革。

第 7 章 研究结论与启示

本章首先总结研究的主要发现和结论，然后陈述研究对理论与现实的贡献，最后指出研究的局限性以及对未来研究的设想。

7.1 研究结论

本研究以拓展学习理论为基础，以参与多方合作的在职中小学英语教师学习活动的某高校教师教育者为案例，探究了该高校外语教师教育者教育专长的发展过程、影响因素及其专长个体表现与作用。

由高校外语教师教育者与多方合作并积极参与的在职英语教师学习活动具备了 Engeström（1999）等建构的活动系统基本要素，即主体、客体、中介工具、共同体及社会教育情境，且这些要素的共同作用影响了高校外语教师教育者专长的拓展。其中，新活动系统的主体来自不同背景，各自具有先前经验、知识基础、身份认同和个体特性等，但是共同的旨趣和责任让他们走到了一起，合力促进了外语教师教育者专长的发展。在行动过程中，客体的不确定性和复杂性影响了主体在面对陌生情境时的灵活性和适应性。正是客体的多变性使主体原有的专长捉襟见肘，迫使主体不断调适并拓展已有专长，并相应地思考多样灵活的解决方案。多类中介在主体高校外语教师教育者与其他主体合作互动的过程中促进了其教育专长的生长与发展。其中，课例作为关键中介工具为高校外语教师教育者发挥其专业引领的作用提供了平台和契机。此外，共同体成员的共同目标、积极互动与会话、协作与分工，以及彼此默契的行为规则等也支持了其专长的发展。我国当前社会教育情境的现状促使高校外语教师教育者在促进自身教育专长发展的同时，也在中小学的实践前沿创建了新型在职英语教师学习模式。

该教育专长是在多方主体共同打造教师学习新模式的过程中，通过工具的分享和转化、社会话语的协商和争论，以及矛盾的生成和化解得以拓展的。首先，专长的发展是一个横向学习的过程，它源于不同活动系统主体之间进行的已有中介工具互换和分享并生成新型混合工具的过程。其次，来自不同活动系统的社会话语之间的对话与协商促成了"多重声音"。在本研究的学习情境中高校外语教师教育者倾听了教师和教研员的声音，增加了对一线学情的理解，改进了研修内容和话语方式，发展了教育专长。最后，专长发展是一个由内部矛盾驱动的拓展学习过程，其中充满着各种张力的较量，主要存在四种形态的矛盾：活动系统主体间的矛盾，即"天上的 what"与"地上的 how"之间的矛盾；活动系统的工具和客体之间的矛盾，即理论说教和教师学习之间的矛盾；原有活动与更高级活动之间的矛盾，即珍视经验与重构经验之间的矛盾；中心活动与邻近活动之间的矛盾，即教育实践和学术研究之间的矛盾。高校外语教师教育者在与教师、教研员合力化解层层矛盾的过程中，其教育专长得以拓展。

高校外语教师教育者在与多方合作过程中的个体专业表现主要有四个方面：元认知、学习的倾向、理论与实践的互动及元解说。这些表现在外语教师教育实践中并非孤立存在，而是交融互动、不断拓展。首先，元认知是高校外语教师教育者对自我、情境与客体的认知，以及自我监控和适应性调节的技能；其次，高校外语教师教育者还具有拓展学习的倾向，包括对新情境的理解、个体学习和发展以及创新的能力；最后，高校外语教师教育者通过理论与实践的互动实现理论知识实践化以及实践知识理论化。与这种表现特征最相关的就是元解说，即对教学方法和策略的选择、实施及背后机理等的显性叙述。

该教育专长的作用主要体现为在多元化情境中的跨越边界、重塑教师学习及创建扎根实践的合作探究文化。首先，从高校外语教师教育者在面对新情境时表现出来的适应性和灵活性特征来看，其能够克服新情境中的困难和挑战，显示出其专长具有帮助主体实现在多元化情境之间横向跨越的作用；其次，基于对教师学习规律的深刻理解以及对教师实践现状的深入了解，其能跨越教师职前培养、在职培训与使用机构的边界，通过多方的合作与互动，以课例研究为中介工具并结合多种模式促进教师学习，显示出其专长具有重新塑造或诠释教师学习的作用；最后，高校外语教师教育者扎根一线英语教学课堂，通过与多方合作、分享及协商，最终使活动系统发生了从教师学习到多方学习的转化，由此创建了新的探究文化。

7.2 研究贡献

在外语教育领域中，有关外语教师的教学专长研究为数不多，遑论对外语教师教育者的专长研究了。本研究有助于更深入地理解高校外语教师教育者在其教育实践中独特专长表现、作用及其在多元情境中生成与发展的过程。基于主要研究发现与结论，笔者将从理论与现实两个方面讨论本研究的贡献。

第一，本研究对高校外语教师教育者专长乃至一般意义上的专长探讨具有理论上的价值。就理论视角而言，高校外语教师教育者教育专长的纵向认知维度和横向社会维度是统一的，遮蔽任何一个方面都将使我们无法完整地理解专长的本质。整合的理论视角为我们探究教育专长以及其他领域的专长提供了指归，即个体发展专长不仅需追求专业知识和技能的精熟程度，而且还需要不断突破既定知识和经验的束缚，在复杂多元的社会实践情境中通过集体合作、交互、协商、化解矛盾到达学习及创建新知的客体目标，以拓展已有专长。目前的教育过多关注了个体常规知识和技能的习得，但这种专长通常只能被应用于熟悉情境中常规问题的解决。因此，本研究着眼于对复杂、不确定的教育实践活动以及时代变革本质的思考，整合了专长研究的个体视角与基于社会文化理论的拓展学习视角。

就实证研究而言，无论是专长动态发展过程的研究，还是专长发展结果的研究都同样具有重要的意义，研究者可以将两者结合起来探究。如Tsui（2005：184）所言，专家的专业表现和专长的发展过程是同一枚硬币的两面，两者都是理解专长本质的关键所在。以往的专长研究更多描绘的是静态差别，展示了专家独特的行为景象，但未能揭示专家拓展其专长的过程和机制。本研究不仅关注了高校外语教师教育者专长发展的结果，即其专长通过主体高校外语教师教育者在活动中凸显出的个体专业表现和作用，同时也聚焦了其发展过程，即多方主体通过中介工具的互换、社会话语的协商以及矛盾的不断化解而拓展该专长的过程，以及影响该过程的多个因素。

就概念界定而言，本研究超越了对专长为"知"和"能"的传统解读，对高校外语教师教育者专长的丰富内涵进行了深度解析，提出了在本研究独特的教育情境中该专长的概念重构。本研究还诠释了"矛盾""理论与实践的互动""元解说"以及"跨越边界"等概念在本研究情境中的特定意涵。

第二，本研究具有明显的实践取向，为高校外语教师教育者自身的专业发展和实践等提供了启示。从外语教师教育实践的角度看，理解外语教师教育者如何开展工作，如他们如何实现理论与实践的互动，如何进行元解说，如何面对各层级矛盾的角力等，为解决教师教育中的诸多问题提供参考和借鉴，有助于我们理解外语教师教育的复杂本质。因此，本研究的案例可为新手外语教师教育者提供典范，培养他们的专业自豪感，帮助他们了解专业成长过程中正在或将要面临的挑战和张力。

从专业情感的角度看,本研究试图为高校外语教师教育者的专业身份正名,以改善公众对该专业领域的漠视状态。高校外语教师教育者的成长过程是无助的,其专业发展缺少专业机构的支持,也缺乏正式课程或同行互助,他们中大多数人通常是出于对教育的使命感和主动发展的意愿,通过"在岗学习"(on the job training)(Berry & Van Driel,2013)和自我培育成为外语教师教育者。本研究提供了通过质性研究的"眼"正视高校外语教师教育者存在和付出的契机。

从政策制定的角度看,本研究还有助于制定外语教师教育者专业标准和设定业内人士应追求的目标。目前,外语教师教育者的培养在实践或政策中未获得应有的重视。教育领域没有相关规划与课程设置,缺少对外语教师教育者的遴选机制,更谈不上对其专业发展模式和标准的构建。本研究通过对高校外语教师教育者专长表现的外显,可增加业内人士与局外人士对这一职业入微的了解,也可为外语教师教育者资格或标准等相关政策的制定提供参考。

7.3 研究局限及未来展望

本研究在理论建构方面还存在不足,对理论视角的整合比较肤浅,仅是一个初步尝试。并且,由于笔者本人理论素养修炼不够,本研究仅形成了基于经验通则的"实质性理论"(substantive theory),未能将其上升到更加上位的"形式理论"(formal theory)(Glaser & Strauss,1967;Strauss,1987)。

本研究在研究设计及资料分析方面也存在一些缺憾。第一,本研究仅聚焦了一位高校外语教师教育者于在职教师学习活动情境中的个体专业表现和在多方合作过程中其专长的发展过程,未能关注其他教育情境中的外语教师教育者,如职前教师学习活动情境中的高校外语教师教育者。对于中小学的外语教师教育者(如教研员和在校指导老师),本研究也未能给予足够的关注。第二,案例研究在量化研究所谓的推广度方面显得力量不足。当然,任何一种研究方法本身都具有内在局限性。有学者认为,质性研究的推论不同于量化研究从样本得出的结论推广到整体的"同化"作用,更关注"顺应"作用,即案例得出的结论能够使读者不断修正和扩展自己的知识结构,为人们日用而不知的事物,投上新的光。此外,作者收集了大量主体间对话协商的录音资料,但未能将这些资料进行微观的话语分析。

本研究仅就研究资料采用了较为宏观的情境分析和类属分析的方法，描述或阐释了外语教师教育者专长的个体表现和发展过程等。

因此，未来研究可以探究其他独特的教育情境，以及这些情境中的外语教师教育者个体，尤其是中小学的外语教师教育者，包括各层级的教研员或在校指导老师。关注他们的现状，倾听他们的声音，观察他们的实践，探究他们的实践智慧。鉴于案例研究在传统意义的推广度这一方面的局限性，未来研究可以利用本研究建构的外语教师教育者原型特征为内容框架，使用德尔菲专家评判法进行大规模的问卷调查，以便进一步创建我国外语教师教育者的培养模式、专业标准或相关专业组织。未来研究还可以观察并记录外语教师教育者在不同活动或情境中的言语行为，并对此进行话语分析或批判话语分析，以揭示微观世界里的意义走向和权力博弈。

第8章 研究者反思

反思是质性研究的"溢出性"成果，无论是在研究过程中，还是在研究即将结束之际（陈向明等，2011：241）。研究者必须对自己的个人因素及其与研究对象之间的互动关系进行反省和审视。唯有如此，研究者才有可能比较"客观地"看待自己的"主观意向"，使自己的"主观性"获得一种比较"客观"、严谨、自律的品质（林小英，2013）。因此，研究者将在本章对研究关系与研究者在关系中的角色，以及研究者个人的成长进行回顾和省思。

8.1 研究关系与研究者角色

质性研究中的研究关系会对研究产生重要影响，因此，研究者需要对研究关系保持敏感，并持续地调适自己的角色。笔者在与研究对象的互动过程中，不断地感悟着自己多种角色（即局内人与局外人、熟人与陌生人，或者皈依者与火星人）之间的冲突和张力。

首先，笔者对主要研究对象辛老师成长的文化环境的熟识，以及对其思维方式和行为惯习的理解赋予了我"熟人、局内人和皈依者"的身份。这样我能够比较轻松地走近辛老师，走进她实践田野的物理空间。作为一名具有数年教学经验的高校英语教师，我对辛老师所在高校活动系统的规则、分工及价值观念有着切身的体会。我和辛老师还有着相似的生活体验，都曾是"海龟"一族。作为"自己人"，我特别能体会她国外求学的艰辛与收获，以及刚刚归国那一时期的挣扎与磨合。此外，在读博之前，我还曾旁听过辛老师的多门课程，正是辛老师把我领进了社会文化理论研究的大门。如陈向明（2001：54）所言，在很多事情上，研究对象不必进行详细的描述和解释，研究者就能够心领神会，并能从对方的角度对研究结论给出阐释。

然而，与研究对象的熟识关系为研究提供了便利，但也可能令研究者对研究对象言行中所隐含的意义丧失敏感（陈向明，2001：55）。例如，在一次访谈中，当辛老师初次提到外语教师教育者需要有"研究能力"时，我想当然地将之理解为传统意义上的学术研究能力。通过我后来的追问进而发现，辛老师在教师教育实践中的"研究"主要是指对教学的研究，即通过反思和对话探究将外语教学理论实践化以及将教学实践理论化的过程。当然，辛老师认为，这类研究通过研究者的深入研磨和细致雕琢，也可以被逐步提升为能公开发表的学术研究。由此，作为研究者，我每次观察和访谈归来，都会撰写研究日志或接触摘要单，反思此次行动中的点滴细节，以弥补或纠正因为研究者是局内人和熟人的身份而错失或误读的信息。

其次，在面对基于课例的中小学英语教师学习活动这个陌生的、转瞬即逝的、不可预测的研究现场时，研究者似乎又变成了陌生人、局外人或"火星人"。由中小学英语教师为主要参与者的教师学习活动，对于一直在高校工作的我而言是陌生的，即便身在其中，我心里那份来自高校的优越感使我产生了和一线老师之间的心理距离。在这个充满陌生人的研究现场中，辛老师似乎不再是我曾认识的那位讲解学术英文写作的学者，而变成了"蒸馒头""开火车"这些"家常话"不离口的"熟悉的陌生人"。我常常急切地问自己，从每次研究现场归来后动辄五六千字的、事无巨细的研究日志中怎么就看不到一丝"研究发现"的影子呢？我甚至开始担心，这个博士阶段的研究做到最后，恐怕最大的"研究发现"是自己并不适合做质性研究。有时我想，是不是我的"自我"太大了，以至于我会非常排斥和抗拒别人琐碎平凡的生活细节。这一点体现在我最初特别不愿意看从田野中收集到的资料，反而更青睐有点晦涩难懂的学术理论。的确在研究初期，我情愿伏案阅读现成的学术论文和书籍，白纸黑字似乎更能给我安全感，手中沉甸甸的书本更让我有成就感。

随着研究的深入，我近距离接触到了一些一线教师和教研员，逐渐意识到他们肩上所担负的基础教育的重任，也为他们的实践智慧和生动话语所折服。几位同去现场观察的高校同仁聊道："原来小学英语老师比我们大学老师上课用心多了，讲究多了。"因此，研究者通过探究陌生的教育实践田野实现了自我心理边界的跨越。作为局外人或"火星人"，虽然我与研究现场的"距离感"一度让我无所适从，但同时这种"距离感"也让我更容易用相对"客观""冷静"和"中立"的态度把握事物的整体发展脉络。辛老师也会敦促我随时记录研究日志，并要求分享我日志全文，有时还会就一些事件或细节询问我这个"局外人"的看法，以便为她提供窥探其教育实践的"文化客位"视角。同时我也发现，记录研究日志帮助我排解了原先对质性研究"随时在变"的恐惧，那些事无巨细的记录和琐碎的思绪在分析资料时成了"财富"，随时可以帮助我重温过往现场的那情那景。

最后，作为质性研究的新手，我时常感觉自己像个力不从心的局外人，担心自己是否能够在辛老师这位深谙质性研究的"老手"面前胜任研究者的角色。先前的局内人身份带来的那份"轻松"，似乎遮蔽了我作为研究工具的复杂心路历程。起初，与辛老师的熟人关系让我比较顺利地进入了研究现场的物理空间，但其实在我看来，辛老师作为曾经令我敬畏的老师以及我眼中颇有建树的质性研究者，与我这个在学术研究路上刚刚起步的"小土豆"之间似乎存在着一道隐形的沟壑。虽然辛老师始终对我坦诚开放，知无不言，但我在研究初期对于作为研究工具的自己始终不那么自信，并且也不清楚这种妄自菲薄是一种能让自己躬身倾听的优势，还是一种让我怯懦不前的劣势。我总是小心翼翼、蹑手蹑脚，害怕问错了问题或问多了问题，导致交谈对象感到不适。我从未如此强烈地觉得自己笨嘴笨舌、不善言谈。而辛老师似乎并未"嫌弃"我的新手身份，还半开玩笑地夸奖我说："你的文笔不错啊，帮我写个传记吧？"殊不知，当时这话也让我忧虑了一阵，让我担心研究将失去自己的声音，成了辛老师的"传话筒"。并且，按照研究伦理中的互惠原则，我会帮辛老师做些力所能及的"杂事"。这些"杂事"和研究本身似乎并无关联，如检索下载文献、转写访谈录音及校对书稿等。因此，起初我把这些事都看作是一种负担。这些无形的压力甚至一度让我对要做的研究将信将疑，总是自问："质性研究是这样做吗？我是在做研究，还是在搞关系？"

在参与了北大陈向明老师和林小英老师的质性研究方法课程后，我紧绷的心慢慢放松了下来。经过他们的点拨，我逐渐接受了一种"建构的、相对的真理观"（陈向明，2011：252），并且认识到：质性研究是对人的研究，生活原则高于研究原则；"他人"的观点不是客观存在、自主的实体，而是通过研究者作为研究工具这个透镜建构而成的。在一次研究日志中，我记下了当时对研究关系的体悟：

> 做质性研究对于我很重要也很有挑战的是，要与研究对象从相识相交到惺惺相惜与视阈共融，有点谈恋爱的感觉——先要找对了交往对象，再投入大量的时间和情感，敞开心扉与对方互动沟通，加深对彼此的了解和理解，以建立一种彼此倾心的信任关系。在这一"恋爱"过程中，我隐约地体会到了"主体间性"（intersubjectivity）的意涵。（RRJ20130228）

并且，在干"杂事"的过程中我也逐渐改变了对"杂事"的认知，"杂事"为我这个质性研究的新手和局外人提供了"合法的边缘性参与"的机会（Lave & Wenger，1991）。

通过这样的反思和其间的顿悟，我有了正视作为研究工具的"我"的勇气和信心。因为，个人的"前设"和"前见"是使我们成为现在的"我"的关键，我们个人的看法和生活经历构成了自己现在所拥有的研究能力，决定了我们是否向世界的某一个方面开放自我（林小英，2013）。同时，我也能更加谦恭地接受自己作为"学习者"的身份，在与研究对象的互动中变得坦然、自如、开放，并且时刻提醒自己要对研究对象的立场进行换位思考和理解。

8.2 研究者个人成长

Harbermas（1972）的认识兴趣理论把人类社会生活分为三个基本要素：工作、沟通与权力。那么，我就从这几个方面反思自己作为研究者的个人成长。

首先，从工作的技术理性角度看，我通过亲身体验基本掌握了质的研究范式、操作流程及质量评估，揭开了原本在我看来颇为神秘的学术研究的"面纱"。最初，于我而言，做质性研究是一个痛苦而纠结的过程。究其原因，我的理解首先是质性研究是对人和人的世界的探究，人和世界现实的复杂性、多变性给研究本身带来了太多的不确定性，使研究过程充满着不期的边界。正如陈向明（2001：11）所言，质性研究是一个不断演化的过程，是对变化着的现实的持续探究。而人的本能是害怕变化的，因为变化意味着不安和付出。记得辛老师对我说过，质性研究不光考验研究者的智力，也是对其心力和体力的磨砺。在学做质性研究的过程中，我曾求助于书本、听课和向"过来人"问询。一位学长章老师的话点醒了我，他说："质性研究不是'看'会的，是'做'会的。"可见，学做质性研究的其中滋味只有做过的人才能体会到。此外，在学术写作的过程中我也享受着那种被半催眠的状态，疲倦而心无旁骛，让我有如神助似地写出清醒时自己都觉得有点陌生的话语。

其次，从沟通的角度看，做质性研究让我领略到了倾听的魅力和学习者姿态的优势。在日常互动中，许多人往往更有兴趣诉说而不是倾听，更有兴趣告知而不是学习，更有兴趣说服而不是理解（林小英，2013）。谈及自媒体时代，有学者说道：人人都在说话，好像在交流，其实人人都无心听别人怎么说，都是自说自话，人人都是孤岛。而做完质性研究，我仿佛换了一双"耳目",对生活世界有了不同于前的耐心和理解,并因此多了一份包容。我现在还不时提醒"急脾气"的自己:要学会慢下来,学会更谦恭平和地倾听和看待这个世界,要保持一种学习者的开放心态,相信快乐每从辛苦得,任何经历都是财富,不会徒劳无益。

最后,从权利的角度看,做质性研究使我这个原本身心疲惫的"教书匠"意识到自己有探究和改变自我及周遭生活世界的自主权和能力。就改善自我而言,我学会了调节生活与工作之间的平衡,享受两者而不让其互为负担。林小英老师在课上说道,那些最有名望的思想家并不把研究工作与日常生活分割开来,他们舍不得冷落任何一方,而是力图使两者相得益彰。这几年,焦虑时常伴随着我,常常夜半醒来,无法入眠。现在我坦然接受,压力何尝不是一种生活的常态。我们要学会与焦虑作伴,与困难为友,生活体验能够滋养学术研究。现在,在我看来,质性研究虽然痛苦,但它也是一个美妙的"蝶变"过程,充满了"顿悟"的惊喜和"破茧而出"的开朗。就改善周遭生活世界而言,进入陌生的实践田野开阔了我外语教育教学实践和研究的视野和思路,做研究重燃了我探究教育教学现状的好奇心与热情。我深信,这些内在的新生力量将回馈于我今后的外语教学实践和研究。

路漫漫其修远兮……

附　　录

A. 访谈提纲

尊敬的老师：您好！我们正在进行一项有关"外语教师教育专长"的案例研究。下面将主要就您的职业选择、课程/活动设计与实施、专业发展等话题进行访谈，希望您能提供具体的情景或事例说明观点。我们将严格遵守研究伦理原则对您的访谈内容保密。您有权利对某些问题选择不予回应，在整个访谈过程中如果有任何不适可以随时退出。谢谢配合！

	发 展 过 程
专业 生活史	是什么让您选择外语作为专业？ 是什么让您决定成为外语教师？ 是什么让您选择成为外语教师教育者？
专长 发展阶段 和机制	在您作为外语教师教育者的发展过程中，有什么阶段性的变化吗？ （关键事件、重要他人、愿景、矛盾冲突、个人意识形态、生活圈等） 作为外语教师教育者，您通过什么途径来实现自身的发展呢？
	专 业 实 践
教学主题	请选择一个教学主题（如词汇、语法或读写）。您认为，学生/在职教师非常有必要学习如何教授这个主题，并会在课程/教师学习活动中涉及这个主题。
目标	对于这个主题，主要教学/活动目标是什么呢？
活动	您如何组织活动来帮助学生/在职教师学习教授这个主题？
产出和 反馈	通常您会让他们就这个教学主题产出什么样的终端产品？您会给他们怎样的反馈呢？
评估	如果就这个主题观察学生/在职教师的教学，您会使用哪些指标来评估他们的教学？
挑战	您认为，在组织学生/在职教师学习这个主题的教学过程中，主要面对的挑战是什么？您如何应对这些挑战呢？
方法	如果学生/在职教师说，您是这个教学主题的专家，您能不能直接告诉我们怎么教或示范一下，您会如何应对这样的情况？
理论	您如何处理与这个主题相关的理论呢？
变化	就这个主题的教学，您作过什么较大变动吗？是什么导致了这些变化？
其他主题	这个主题的教学在多大程度上能代表您就其他主题的教学？有何异同？

续表

	专长表现和作用
差别	您认为,优秀外语教师教育者和优秀外语教师有何本质的不同?
素养	在您看来,优秀外语教师教育者应具备怎样的专业素养(如知识和技能等)?
职责	您认为,外语教师教育者的核心工作任务或职责都有哪些?
作用	您出现后,该区在职教师教研活动和老师们都有什么变化和反应?
其他	还有其他什么方面我们没有谈及,但您觉得非常重要并愿意分享的吗?

B. 接触摘要单

接触类型：访谈

研究对象：辛老师

1. 此次接触让你印象最深的主要议题或主题是什么？

第一次与辛老师进行正式访谈，主要谈及了她眼中优秀外语教师教育者所应具备的专业素养。在之前的非正式接触中，已对辛老师的成长过程和教育实践有所了解。

2. 就每一个研究问题看，简述此次接触你得到（或未得到的）的资料。

研究问题	资　　料
专长的发展？	激发辛老师成为教师教育者的动因（某教研员说：你们大学研究者是"天上的 what"，而我们一线教师是"地上的 how"。）
怎样的专长？	责任心、理论基础、研究能力、反思能力、做事投入、学科知识、教学能力、与一线教师的沟通能力

3. 此次接触中有任何冲击你的东西吗？——突出的、有趣的、示例的或重要的东西？

辛老师提及的几点与荷兰教师教育者标准中的五大能力非常一致，包括学科能力、教学能力、沟通与反思能力、组织能力和研究能力。然而，她首先强调的责任心和投入是荷兰标准中没有提及的情感或个人特质方面。

4. 下次拜访时，你应考虑哪些新（或旧）的问题？

进一步访谈：针对具体教学实践发问，例如，如何提供支架？如何促进教师学习教学？进一步确认发展阶段和过程等。

5. 注意事项：

访谈中要少说、少打岔、多听，学会对本土概念继续追问。

C. 访谈转写

R：你觉得作为外语教师教育者需要具备哪些专业素养呢？

X：第一肯定是他的责任感，他为什么去做，他有一种责任感。

你得肩负着这个责任，我就说过那个故事，"天上的 what，地上的 how"的那个故事。

R：什么故事呢？

X：这是一个（我成为教师教育者的）缘由，就像惠老师所说：你们大学研究人员只知道"天上的 what"，不了解"地上的 how"。我就说你觉得，中学老师都会觉得你这个老师离我们这么远，没有给我们什么，你不就是有责任嘛，你学了那么多理论，做了那么多研究，不是为了研究而研究啊，你一定都是把这些研究落实到实际工作当中去，研究价值在这个地方，是促进教学，这是一个理念。

第一是责任感，第二肯定是很投入，我觉得我做事很投入。另外，要想成为一个教师教育者必须有很强的理论功底。

R：理论功底指什么呢？

X：也就是研究能力。我觉得我的研究能力很强，我看了很多书，我把这个语言教学理论吃透了，现在我随口就能讲，是因为这已经变成我自己的东西，我真正吃透了这个理论，理论功底强或者研究能力也很强。

R：研究能力和理论功底是一回事吗？

X：一回事。或者叫理论研究能力，有理论而且会研究，善于研究，善于抓住问题。我觉得我是善于捕捉问题的人。这个善于抓住问题可能是跟我的理论功底有关系，我能抓住。同时，我不停留在理论上，看到问题我一定在想解决问题的方法，我只能抓住。

教师教育者一定是理论和实践都要特别强。和教师的区别就在于教师有实践但是理论说不出来。有很多纯理论者有理论，但是他不实践，他不知道怎么去实践。那么，成为教师教育者一定是理论和实践都很强，他才能够成功。

R：为什么要把理论和实践二分呢？有人特反对这种二分。

X：不是反对它，这是两大阵营，没有办法，它是一个现实。有的人就是一个理论工作者，比如说马克思他就是一个理论工作者啊，他想了很多，看了很多书，他想了这个理论，怎么去操作。有的人是有了理论就去实践。这个理论不是我（造出）来的，我看了很多东西，但是别人都没有实践，我想把它们联系起来。必须理论跟实践相结合，linking theory with practice。一定要有 theory。Theory 就是一帮人根据实践总结出来的。但是它这个过程应该是一个像 Engeström 说的 expanding cycle。

R：拓展理论？

X：你画圈的话，他是这么走嘛，我觉得我自己就在这样走，从中心走，越转越大。比如说理论和实践，我个人认为是 expansive learning，就是我有这个核心点，通过它我开始不断地扩展。比如说，我对理论的认识，对教学的认识，我可能从语法开始，语法教学怎么去做，那就扩充到……它是 problem-driven，老师提出很多问题，词汇也有问题了，阅读教学也有问题了，写作教学有问题了，最后让你想透了，以后都是一个问题，你就把你的理论融进去了嘛。就是你的认识通过老师提的问题，你就在想，就是很自然，因为你有这个功底，你很自然地就会想到哪个理论可以解决这个问题，想到了以后我就要去实践这个方法，实践完了以后我会发现它的一些不足，或者是我怎么去改进这个方法，这个方法反而进一步补充我对这个理论的理解。

R：这是你自己在教的过程当中实践，还是让老师们去实践的？

X：我自己在实践。

R：在教的过程中？

X：我的认识在实践、在转变。我把我的理念、我认识到的方法跟老师讲，讲问题在哪里。有时老师会跟我讲，老师这样做很好。那么他这种做法我会吸纳进来，可以给更多的人去讲，但会说出为什么。很多老师说不出为什么，因为他没有理论。

R：对，所以刚才有个老师也这么讲哦。

X：对，他没有理论，他说不出来，他不会总结。就好像你学语言你没有语法知识一样，你没有这个 concepts，它不是主谓宾为什么这么去写。你必须要有这个理论功底。总结一下，这就是这个职业的特点：责任心。第一责任感，第二投入，都有责任，你让他真正要干起来，有责任和投入，要淡泊名利。不是为了名跟利，它是一种责任驱动。那么淡泊名利跟责任是并着的，责任感就是淡泊名利，他为了责任去做事。然后是他的理论功底和实践，理论功底很强，他的实践能力也很强，同时他还能够两者结合。这样的人很少，特别少。而且愿意做这件事的人很少。但是教师教育者里面可能也分，有些人理论功底稍微弱一点，那么他指导老师的时候可能未必那么有效，我也认识到一些，而是他肯不肯自己做研究。

R：都研究了什么呢？

X：就是研究教学，你就能捕捉问题。我就是属于，对，反思能力，善于反思。我在不停地变，我觉得我在不断地变，我能感觉出来，就好像打乒乓一样，老师给我来一个那么一个球，我就会想下一步应该怎么做。你说了一句话老师可能听不懂，这种方式教学可能没有效果啊，就必须想，善于反思。我觉得我有这样一个能力。虽然我有理论，但是我也会想这个可不可行，实践也很重要，我要想可不可行。大概就是这些，回去总结一下可能就这些。

R：我再问，之前您是从事学习者研究和学术写作，这种非常 academic 的东西哈。是什么导致您从研究学习者转向到教师的呢？我就特别好奇。

X：就是惠老师的一句话呀。"天上的 what，地上的 how"，就那个。

R：这个 what 和 how 是什么呢？

X：就是理论和实践。你只告诉我理论，不告诉我怎么实践这个理论；你告诉我什么是交际法，却没告诉我怎么去做；你说以学生为中心，要怎么以学生为中心。咱们的理论者去给老师做报告，基本上就是讲理论，讲你的问题在哪里，没有人讲怎么解决问题。你不要批评他，你说问题，然后你要给他指出解决问题的方法。我去东城区听课，后来老师说我跟他们请过的那些老师不一样。就是我说了问题，我一定是下一步跟着：如果是我，我会怎么做。

R：今天您讲的这一点跟上午陈老师讲的一点特别契合。他说，作为专家要示弱，要敢于把自己 expose 给这些老师，让他们有安全感，让他们跟你一起来做这个 inquiry。我觉得这就是愿意把自己展开来给他们看。

X：对啊，如果你说我这个有问题，你给我讲讲你怎么做。我每次从来不是，我只要说这个老师有问题，我一定会说改进方法，这是我的原则。我要是想不出来改进方法我会承认，我觉得这个有问题，但是我还没有想出来。

R：那么，从专业的方面还需要哪些？

X：专业知识一定要很强啊。作为英语教育者，你首先要了解语言是如何学的吧。还有你自己英文的功底还要很强，就是你的英文。第一你的语言，是你的 Subject Matter Knowledge。就是我的英文专业英文功底。另外就是说像我们讲的话作为教师，你的教学能力，你自己的教学能力也要很强。另外还是一个研究者。就是首先你是一个教师，你作为一个教授应该是一个好教师，然后我还是一个好的研究者，我觉得我是一个好的教师，我是一个好的研究者，还是一个好的理论工作者。

R：为什么这个教师教育者还要做研究呢？

X：你不研究……就是说 Reflective Practice，你不研究就不能进步啊，教学的问题是不可预测的。它 emerge，就跟你研究的 coding 一样，它 emerge from your data。那么教学中就会突发出很多现象，但是你要透过现象看实质。不论什么现象都能抓住它的核心，这就是你的理论能力，加上你抓住实践的能力。这就是刚才讲的，所以说你要研究，善于研究，你有研究才能够不断地进步。因为不能停滞不前，因为它在不断地变化。

R：您这个研究是指那种特别 academic 的研究，还是像那种像 action research 那样的基于问题的那种，不一定要 published 的那种？

X：它都有可能啊，有很多时候是 unpublished，就是你的 inquiry，你的思考，你的反思嘛，reflection 就是研究啊。你想一个小问题，哎，是这样的。然后我就会把它变成一个真正的 academic research。有很多我的 reflection 或者我的 inquiry，突然间一个闪念，这个闪念你想把它 continue，就变成一个 academic research；如果只是教学，那就是 action（research）。我今天想着我下次怎么改进，对吧，它是两层。是一个是否进一步的问题，但是无论如何你都要有一个 reflection。这个很重要。那么，我做这个研究我不停地在 reflect，我觉得我自己在成长，从刚开始跟中学老师打交道，到现在我觉我已经成熟了很多。我基本上可以应对不同种类的老师了，这个能力是练出来的，不是我一开始就有。

R：上次您说老师有几种类型？讲了也不做，做了也不讲，不听也不做。

X：有的人是没听见，说什么跟没听一样；有的人听了觉得你说的也对，但是他不想做，怕费劲；有的人呢是听了觉得你说的也对，特别想做，但是不知道怎么做；"指导下的参与"有的人不会做，就是这样。

R：您怎么看这个教师培训这种方式？是纯粹我就告诉你该怎么办，还是我让你自己去发现，自己去想？还是我让你参与？

X：结合，还是做中学哦。对，像杜威说得很对，还是 learning by doing。但这个需要一个 guided participation。不是说现在你们做吧，撒网了，随便，放开手随便做吧。那肯定不行。应该说指导性，指导下的参与。

R：指导下的参与？

X：对，要不然它就是浪费时间嘛。你看我写作课教学就是指导性，我让你参与，但是在我的指导下你去，在有限的时间内这是最有效的。如果你上课的时间特别多，你可以在里面摸一摸，但是培训的时候时间很有限。

R：我也感觉好像每次给您，江老师说，给辛老师 20 分钟啊，赶紧说得。

X：所以说，你就不能那样。这个东西，我就说有灵活的地方。你怎么在有限的时间内，就跟你说话一样，你给我三十分钟发言我就要想我要说什么，你要是给我二十分钟我就要想。要根据情况要不停地变，但是最重要的核心点——我是想要学习发生嘛。出发点是这个，以它为出发点，我根据情况来设定一个教学活动。教老师跟教学生是一样的。要让学生学习发生，因为在职教师跟我的普通学生是不一样的，我要 meeting their needs。所以我的方法就稍微调整，因为我觉得对他们来讲从案例入手是更有效的，就是我的教学方法是根据他们来调整。但是我的出发点核心点是一样的，都是为了让学习发生。这是一样的，是 universal principle。

R：学习发生？

X：对，我不是为了教而教，对吧？

R：我刚才想你说 guided participation，通常是有什么 guided 的形式呢？好比？

X：都是你潜意识的，我让你做这个，我说让你做这个活动，我都是有目的的，我不是瞎做的，我每一个活动都是层层铺垫，让你理解。就跟写作课一样，我先让你做 move 分析，一块一块地分析，分析完了之后让你自己再小组分析。都是在我的指导下做的。

R：就像今天这个词汇课？

X：对。

R：让他们去探究那些 tasks，是吗？

X：对啊，让他们去想一想，你不是 guided。所谓的 guided，就是我设定了这样的教学活动。

R：我发现您上课问题特别多，总是在问学生，你们怎么看？你们怎么想？

X：因为要是我一个人讲他们就不动脑子了，让他们稍微想一想。这个叫 guided participation。

R：那么，在与老师和教研员合作过程中遇到的最大困难是什么？

X：是我的一种成长，作为教师教育者的。我是个纯粹的 researcher 嘛，对一线一点都不了解。我也跟你说了，我为什么去一线嘛。目的就是想了解一线，理论和实际结合，接地气嘛。最大的困惑在这个过程中还是：第一，不了解一线。你去跟老师讲，都是很冷漠的，就觉得你讲的这些我们没法使用，就是天上飞的，地上跑的。当时对我的冲击就是，我怎样讲才能让他们信我，我怎样讲能让他们接纳找。因为，最早我们小组的时候，开始说很多嘛，惠老师说我，哎呀，你就是太理想化了，辛老师你下去到我们中学去看看去吧，她当时就这么说。这是很大的一个挑战。她说：你说的理论我们都同意，就是我们实现不了。那我就要去思考。我觉得已经很接地气，她觉得还不够接地气，她还说解决不了课堂的问题，那我就去思考这个问题。那这就是最大的一个对我个人的挑战。就是说你怎样能把这个理论，实际上就是 practice theory，这是一个很大的挑战。那不要去想嘛，多跟老师沟通，然后听他，就去看看课。当时可确实看得少，就需要去听课。去跟他们一起打磨研究课，看完课后就明白了。我觉得很重要的一点，当时我没有底气，是因为我不了解课堂。等我看到课堂后，哦，我就明白了。我就可以和教研员对话了。我们俩看问题的角度是不一样的。同样的课堂，我看问题时候会看到背后的一些东西。他们可能就看到一些表层的现象。当我一旦看到课了以后，我觉得我们是在一个 same stage 来谈论这些东西。如果看了课后，再讲这些就更容易被他（教师）接纳。那么，我在不断地克服我自己，我了解真实的课堂。另外，在跟老师说话的时候呢，开始说得特别直，也就慢慢，开始着急，看老师问题特别多，就一下子给他们灌很多。后来老师就说：辛老师，你说的都对，但我们一下记不住，回去没法弄。后来我就改成一次就讲一个点，我虽然看了很多问题，但我一次就讲一个点。

R：就是有个 focus？

X：也不是，就是问题分散开讲。一次讲太多，他消化不了。有一次我着急，就讲了很多。下课让他们写反思，他们说：您说慢点。那么后来我就反思，我犯了同样的一个问题，就是老是在课堂上喜欢灌，老以为我讲了，你就学会了，我觉得我犯了同样一个毛病。后来我就不讲那么多，就一次讲一到两个，而且马上操作。等他这个差不多好了，我再说下一个问题。我觉得这是一个学习的过程。我为什么会变呢，是我通过观察老师对我的反应。不是每次都有集体教研的反馈问卷嘛，有的老师给我写真实的想法。我觉得我从那上面学到了很多。我为什么要搞那个反馈问卷，我就是 learn from their comments。然后，老师就会说，少说一点，不要讲那么多，一次讲太多，我们消化不了。那么下次教研我就会调整。还有说，老师你语速太快了，稍微放慢一点，那么，我下次就调一下。这些都是相辅相成的，要关注老师的反馈，就像老师上课要关注学生的反馈一样，调整自己的风格。但我的目标是很明确的，为何要变？因为她越说我不行，我就越想要了解这个情况（逆袭）。那么跟他们打交道，慢慢就学会怎么和他们打交道，到最后，我记得惠老师说过一句话，从开始很远，到慢慢是"渐入佳境"。他们都能够看到我的变化，我学生也看到我的变化。我自己也觉得我在变，越来越会跟老师说话，越来越会和老师打交道，我说的东西他们越来越能接纳。一开始觉得你高高在上，慢慢觉得你可以亲近，然后你说的东西我可以听懂，我可以去用。这需要时间，需要一种耐心，另外反思。我经常回来写东西，也在想，怎么今天老师还是不懂我在说什么。如果老师不懂，我首先想，我肯定没讲明白。除非一些人不干，一些想干的人没听懂，那肯定是讲的有问题，或者表述的方式有问题。其实，不光是我，惠老师也在变化。还有老师也在变化，一些比较关键的人，跟我联系比较密切的老师。

D. 观察记录

人物：辛老师、11位中学英语教师
内容：词汇教学
时间：下午 2:00—4:15，2013-07-18
地点：某校会议室

时间段	教育活动	教师反应	研究者评论
2:00—2:30	教师们正在黑漆漆的教室里看英语电影《死亡诗社》	电影尾声处大家特别安静，有老师在默默掩泪	每次看这个片子，都会被感动。也许有良心的教师都会这样
2:30—2:40	下午的课正式开始。上课伊始，辛老师和教师们公开讨论课程实施的方式 实践课或实验导师的可操作性，如何最大化项目收获 20节课，每天lecture有一个案例学习。给每位教师个性化的指导。平时两周一天周末课程	教师各抒己见，似乎老师们更关心写论文、数据收集	辛老师听取"民意"，很民主
2:40—2:50	为教师展现课例 本案例特色：图片教学、基于对课文理解的词汇教学、Lift等多义词造句、音乐、用创作诗巩固所学词汇	安静地听，认真地做笔记	为何先讲课例？而非理论？（辛老师后来回应：在职教师和职前教师不同，用实际生动的案例可以提高他们的兴趣，使课程不那么枯燥。）
2:50—2:54	辛老师结束了案例，停了下来，教师们自主自由地讨论起来。辛老师不时地询问个别老师对本案例的看法	教师们两两聊起来，教室里"噪声"不断。有位老师说，这个（诗歌）离学生很远，中学生恐怕欣赏不了	体现了辛老师对不同观点的包容
2:54—3:00	分享了第二个词汇教学的案例，以及有关"生命"的动画。辛老师分析了教学设计理念，认为词汇教学也是听说读写的结合。还强调了在教学中教师的示范作用。一句"亲爱的，我们到哪了？"友善而轻松地结束了案例学习和老师们的讨论	教师们聚神地听和看	小短片很感人，体现了辛老师组织课堂活动的技能。此外，短片的播放是对已经很疲倦的老师们的一剂兴奋剂

续表

时间段	教育活动	教师反应	研究者评论
3:00—3:10	开始理论部分的讲解。提问：词汇有多重要？怎样才算认识一个词？词里面包含了什么？并举了有趣的例子（old boyfriend vs. ex-boyfriend），说明在语言学习中，往往细节决定成败	认真地听和记笔记，虽然有些老师在炎热的下午显得很疲倦	通过这些本质性的问题激发教师积极思考。体现了辛老师深厚的语言学理论功底和教学策略
3:10—3:15	学生错误的可能性，课堂任务的设计，推崇 integrated activities，即综合听说读写的活动		
3:15—3:20	看课前发的讲义，让教师自己完成一个任务，然而两两交流	做词汇题	让教师切身体验
3:20—3:25	提出 scaffolding 这个理论概念，说明教师为学习者提供 input 和 support 的重要性。并指出学习理论概念的意义在于帮助教师用这些概念描述自己的教学，建立公共话语（common language）		在情境中的理论传输。并 explicitly 指出理论的作用。显性教学
3:25—3:35	让老师们反思一个本质问题，即学习词汇的意义。提醒教学对学习者学习词汇的作用有限。再次重申了教师通过让学生输入和输出的支架作用	老师们普遍认同词汇在语言学习中的重要意义	
3:35—3:45	展示学生学习词汇的认知挑战和情感挑战，以及教师呈现单词的方法。辛老师一直用协商的口气问老师们：（这个方法）可用吗？可以吧？并对几位老师的观点不断表示赞许，同时对其他教师自发的讨论并未制止。其间一位男老师突然站了起来（可能腰痛），也未引起辛老师的侧目	老师们纷纷给予肯定、赞许的回应。开始各自聊起来	体现了辛老师"怀柔"教学策略，以及对教师包容的态度——对成人教育和儿童教育之间差异性的隐性知识
3:45—3:50	辛老师指出，教师应鼓励学生多使用新单词。并提及教师对教材的处理。重申"理论概念可以帮助教师为教学活动归类"	有位老师有事要提前走，但"欲走还休"，说"我还想听！"	辛老师的教学实践结合了让教师"看、听、思考和参与"的活动

续表

时间段	教育活动	教师反应	研究者评论
3:50—4:00	再度发问：教师干什么？Plan, train, test, teach？如何帮助学习者使用词汇？ 强调写作作为输出的重要性、教师的自主性（做教材的主人）、诗歌在词汇教学中的应用		辛老师的示范
4:00—4:05	提问个别老师："您觉得学生会喜欢（诗歌）吗？"展示日本诗 Haiku 又强调"教材在你心中，高考在你心中"，教师要做教材分析，高考是最低目标	男老师回应："我们一直是这么做的"	听取老师的意见和心声
4:05—4:15	迅速展示了最后一教学案例：来自大连的一位老师的有关健康的课件。讨论了明天上课的内容和需要复印的论文	老师们开始各自聊起来，有的很疲倦地趴在桌上	辛老师上课的一贯风格——信息量大

小结：辛老师通过先展示优秀教学案例，后进行理论传输的方式，提高了教师的参与度，并赋予了理论教学丰富的情境。课堂教学示范也体现了辛老师丰富的学科知识、教学知识，以及人际沟通的能力

课后，一位来自"遥远"顺义的校长这样评论这次由辛老师主要参与设计的项目："道（理念）和术（方法）兼顾"。她还说，我们需要理论的提升，做到能说、能分析、能梳理自己的教学。此外，在辛老师的桌案，发现了她在一新生开学典礼上用过的发言稿，其中穿插了许多佛教故事，结尾的诗特别打动我：你见，或者不见我，我就在那里，不悲不喜；你念，或者不念我，情就在那里，不来不去；你爱，或者不爱我，爱就在那里，不增不减；你跟，或者不跟我，我的手就在你手里，不舍不弃；来我的心里，默然相爱，寂静欢喜。——腾征辉《淡定的人生：处处禅》

"淡定"是辛老师不时提起的。她说，淡定就是在这个纷繁复杂、欲望丛生的社会能处事不惊，做好自己的事

E. 研 究 日 志

研究日志之一

昨天傍晚和辛老师通了话，确定了今天下午教研活动的时间和地点，1:30还在某城区教师研修中心。接着，我们聊到了辛老师倡导的行动教育与行动研究的不同之处，以及实施时面临的挑战和困难。行动教育旨在实地关注一线外语教师的课堂教学乃至全方位的发展，帮助教师脚踏实地地计划、实施、反思和改善教学。这是在教师发展的漫长"过程"中，给予他们一步一个脚印的引领，而不是仅仅帮助教师基于教学问题做研究、发文章这样的短期协助。辛老师在没有团队协助、缺少学界重视的情况下，只身奋战，着实不易。但是，她以在通识教育中颇有建树的叶澜教授为榜样，她坚信，美好的事物需要时间的积累、磨砺和沉淀。她预期，通过对这波老师们历时三年的引领，能看到他们的学生在英语学习上的转变，最切实的指标就是高考成绩。我们拭目以待吧。

1. 教学计划研讨（高二和高一）

今天下午，辛老师侃侃而谈，妙语迭出，笑翻全场。

（1）教师观

教师有五类人：第一类，我说了，不听；第二类，听了，不同意；第三类，听了，同意，但不作改变；第四类，听了，同意，想改变，但不知如何改变；第五类，听了，同意，想改变，并有能力改变。有老师笑言，辛老师把我们都分成了"红五类黑五类"啦。

（2）学生观

学生有三档：第一档，课文读五遍就基本能背诵；第二档，学习课文后，对课文很熟悉；第三档，学习后，能比较熟练地朗读课文。

（3）读写结合观

- 读写结合的课程中的"读"，强调朗读和默读应至少三遍。给学生自己学习的时间，让他们熟悉课文，理解课文，以获取信息和知识。这才是"磨刀不误砍柴工"，这种whole reading的方式可以提高学生对语言的感觉。并且，知识点都在课文里，课文熟悉了，会背诵了，知识点就自然掌握了，没有必要花太多时间做试题。学生水平达不到的话，可以一段一段地处理。
- 而在现今教师在教案中频频使用了快速阅读训练，包括skimming和scanning，忽略了教学目标、阅读材料的甄选和学生语言水平等多重因素。快速阅读的基本前提是，学生要认识文章中98%的词汇。学生还没学会"走路"，如何会"跑"？
- 读写教学要符合学习的认知规律，要从具体到抽象，从理解课文内容到分析课文结构和主旨，从解构到再建构。
- 读写教学要帮助学生注意输入和输出的差异(notice the gap between input and output)。输入形式主要是读、听，输出主要是写、说。这里的"写"不是指长篇大论，任何"落笔"的活动都可以称其为"写"。并且要关注"写"的过程，帮助学生小组实现"头脑风暴"，汇集思想。在两个方面给学生提供支撑：ideas和语言。这样在课内落实到outline即可，课堂的气氛容易让学生紧张，让学生在课外放松的环境中去发挥。

（4）语言教学观
- 教学不是教师一个人的表演，教师要把学生装在心里，要让学习发生。
- 为何中国人缺乏创造力？（对学生的培养）点点滴滴都渗透在教学中，我们要在教学中追根溯源。
- 教师给学生提供的是"行为示范"，是language knowledge和world knowledge。
- 别把孩子当傻瓜，要给他们身心愉悦学习的感觉，要给他们认知上的挑战。
- 每课的预热过程就是引起学生对本课兴趣和注意力的过程。
- 好的教师不要做教材的奴隶，要研读教材，超越教材。
- 课文单词多，可以分几次讲。把大餐变成零食，分几次给学生。
- 单词复习，就是要给学生创造再次遇到它们的机会，就像我们认识一个人的过程，不断地复现，这符合人性和学习规律。

（5）PPT使用观

社会进步了，教师退化了。现代科技往往导致外语教师的教学无能，主要体现在教师对PPT的过度依赖。PPT制作过于花哨，教师能说的不说，并把书上有的内容都放在了PPT上。PPT的基本作用是展示教师来不及板书的内容。没有PPT能上好课的老师，才是有真本领的老师。

（6）语言观
- 语言是思考和学习的工具，应该通过语言学习（learning through），而非仅仅学习语言（learning language）或学习语言的相关知识（learning about language）。

（7）自我认同
- 我具有数学思维，我做学生时最好的一科是数学。

- 作为教师的教师，教师的需求让我改变自我、调整自我。
- 我和你们（教师）没有任何的利益冲突。我是没有任何酬劳在为大家做事，所以有些"狠话"我敢说，说话直是我的特点。

2. 互动话语

辛老师
- 我喜欢惠老师的metaphor，现在的老师很多是火车司机，学生是旅客，旅途的终点是高考。最后，司机到站了，一些旅客在途中已下了车——纷纷落下。
- 她（惠老师）让我改变，我和一开始相比变化特别大，是她"逼"得我变，她是源头。

英老师
- 我真的愤怒了！为什么辛老师反复强调的问题，老师们还是改不了？

惠老师
- 我给老师们打过"预防针"了，辛老师这人比较直接，像她这样做研究的人可真不多。大学老师没有像辛老师这样做研究的，人家关着门照样做研究，照样写论文。她就觉得，中学老师实在太需要（帮助）了。所以，我们只针对事，不针对人，不针对哪个学校，就为了教师能尽快进步，能把书教好，能教得轻松点，学生也能学得轻松点。
- 辛老师特别sharp。我是一个工作狂，他们说，又来一个。
- 刚开始对老师严格一点，慢慢地他们也就习惯了。
- 原来没干这活（教研员），没觉得。现在干这活，坐那儿听（课），就特心疼这学生。学生就这样天天上八节课，从英语教学可以推理数理化的教研。学生学不会怎么办？加班加点，上民办补习班，业余时间根本没有。
- 谁都不愿意改革，一改革就意味着重新开始；原来的轻车熟路，拿来就用。人家说，就是因为你们这些人（教师教育者）。

通过这几次的观察和记录，我体会到了"落地"的艰辛，发现原来还有这么一些有思想、有趣、肯付出的人们在摸索着做"真的教育"。Jaspers说，教育是"一朵云推动另一朵云，一棵树摇动另一棵树，一个灵魂唤醒另一个灵魂。"但愿这些"教师的教师"们的心血付出能唤醒教师们的灵魂。

最后，别忘了辛老师说的"八减一大于八"，做研究考验的是人的"脑力、心力和体力"。这个假期，我争取用这"三力"把研究计划写出来，不能再拖了。加油吧！

研究日志之二

早上一路狂奔，还是迟到了，面对总是神采奕奕的辛老师和不厌其烦给我指路的张老师，有点惭愧。不安中开始了观课。这位贾老师说话声音底气十足，像个唱美声的女中音，有点大大咧咧，但同时她又有些可爱的小动作，于是，我没太感到观摩课的紧张气氛。这节课的教学目标是讲 there be 句型和数字以及一些生活词汇。贾老师的教学可圈可点：①导入部分，体贴地帮助学生实现旧识到新知的过渡；②猜词活动，很自然有趣地让刚学的词汇有了复现的机会；③听力片段，用问题给学生 scaffolding，并且关注细节，如单词拼写和完整句型的练习；④图片比较，帮助学生有色有声地练习了新句型；⑤设计理想的教师活动，让学生的参与度达到了高峰；⑥山区孩子有关教室、有关爱、有关友谊和梦想的英语独白，独具匠心，把原本简单乏味的教室描述升华到情感教育的境界。随后，辛老师做了简短到位的评价。课间休息时，辛老师的一个举措让我看到她特别细致、体贴、柔软的一面。她说，大会上不便说，贾老师的课堂语言中有几处语法错误，要私下提示她一下。她还说，评课要评得有高度，还要考虑教师的情绪，要说得他们爱听才行。这是朴实的人本价值思想！

休息过后，另一位老师给初二A班的课开始了。这位老师显得年轻稚嫩一些。也许是本课的主题与科学相关，一上课让我就感觉乏味。此后，这位老师似乎一直在赶进度，让我这个旁观者都跟得有点累，不知学生有无同感。在此，对她的课就不细说了，有录音可以参考。对于评价这样一堂不太成功的课，辛老师之前有点小顾虑，小声问我们：这次不客气了可以吗？我回应：可否先礼后兵？看来辛老师很在乎教师的"面子"问题哈。其实，这样的问题诊断对一个想进步想发展的教师来说，是多么的可贵啊。遗憾的是，这位讲课老师在辛老师评课时却没能在现场。

辛老师上去，果然开门见山地说："这样的授课方式也许只适合四中这样优秀学校的学生。"这样的开头可能让在场的很多人都始料不及，既肯定了四中学生的水平，又指出了这节课的症结所在。上课像是考试，不停地考查学生的知识。活动之间缺少必要的铺垫和衔接。辛老师的一句话给我印象特别深，好像说出了我的心声：课堂一开始就一分为二，开始比赛，这样的课堂竞争太多，让学生紧张。教学应该自然流畅，润物细无声。还有一个比喻也特别生动：上课就像一个蒸馒头的过程，有的老师把馒头捏好了，却没有蒸熟它。通过这个比喻，辛老师想说：教学要尊重学习规律，循序渐进。这一节课太快，太跳跃，缺乏让学生熟悉课文的过程，缺乏给学生学习的时间。在评课过程中，辛老师还温和地问老师："老师们同意我的看法吗？"这和之前辛老师的问话"明白了吗？听懂了吗？"有所不同。我暗想，辛老师在变化！变得更像"柔软的舌头"。

此后，辛老师和观课的老师们进行了提问—回答的互动环节。

问题 1. 辛老师提倡的背诵课文对提高学生语言能力有效果，但对老师而言耗时耗力，如何解决这个矛盾？

辛老师回答：教师要运用自己的教学智慧来解决教学问题，让学生动起来，让他们默写，同伴批改，再交给老师。这样既达到了同样的效果，也不会让教师 suffer from burnout。

问题 2. 不好的教师上课是陈述，一般教师上课是讲解，优秀的教师上课是引导，最好的教师上课是启发。有时上课只用英文，达不到"启发"的效果。那么我能用中文吗？

辛老师回答：这要看使用"中文"的目的。据研究发现，学生起步阶段跟着讲母语的老师学习更好。如果教师本身的语言能力不强，可以借助多媒体给学生提供语言的示范。教师的工作关键是教会学生学习。

问题 3. 有关什么"岛学院"，弄得老师们精疲力竭。我没太听明白……

辛老师回答：（坦率地）不太了解"岛学院"。老师在困惑的同时，也许已经有了自己的答案，多与同事和领导沟通。

通过这几次"跟班"，我发现了辛老师的细微变化。从直爽的、"大义灭亲"的、不刻意讨好别人的"将军"，变为了含蓄的、"有点圆滑"的、惹人喜爱的"外交官"。我感受到了辛老师的 intentional development。在与辛老师的通话中，她透露，这所重点中学的负责老师想邀请她去专门指导本校的英语教师。这位老师说，"原以为大学老师张口闭口乔姆斯基，辛老师是不是教过中学？"显然，辛老师的到来改变了她对大学外语教师教育者的看法。此外，上周在某城区教育学院，辛老师改变了评课方式，把更多时间留给了教研员，不替她"干活"，让他们成长。所以，辛老师仅用了最后的 15 分钟点评。这是一种"赋权"意识！一种"批判性反思"！辛老师说："我的来到是为了我的离开"。她的下一步计划是去初中观课。最近，她还要去武汉，希望她这样在各地的"传教"能对全国的英语教学起到一点引领作用。辛老师又谈到上回"质性研究班"有位学员的话对她的触动。那位学员说："是不是像辛老师这样（比较强势）的，适合做观察，另一位老师比较（弱势一点）适合做访谈？"辛老师的反思是要"**try to be likable, be diplomatic, likable people** 更容易获得机会"。这让我想起一则关于孔子的故事。说的是暮年的孔子，有一天召集弟子讲学，他张开嘴巴，问弟子们："你们看到了什么？"众弟子犹豫了一阵子说"舌头"。孔子曰：对了，为什么舌头前面的牙齿不见了，舌头却还健在呢？这是因为牙齿固而不化，舌头软而善变，所以不能适应环境变化的坚固牙齿只有"退休"了，而适应变化的柔软舌头却与心脏同在，正所谓"以柔克刚"。有人说："忍让宽容的人，由于对立面较少，人生的道路走得更顺畅、更远。"辛老师有了向"舌头"发展的趋势。

F. 使用 N-Vivo 整理和分析资料的过程

1. 将原始资料导入内部材料

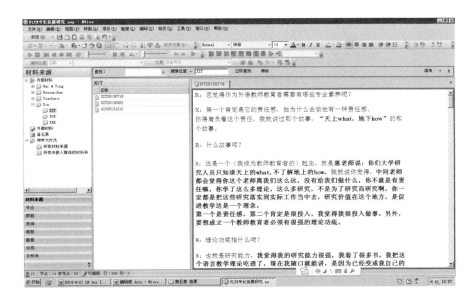

2. 创建自由节点

3. 创建树节点

4. 继续编码

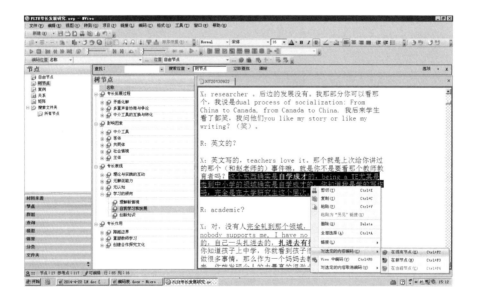

参考文献

[1] Association of Teacher Educators (ATE). (2002). Standards for Teacher Educators. Retrieved Oct., 2012, from http://www.siu.edu/departments/coe/ate/standards/TEstandards.html.

[2] Bailey, F., Hawkins, M., Larsen-Freeman, D., Rintell, E. & Willett, J. (1998). Language teacher educator collaborative conversations. TESOL Quarterly, 32: 536-546.

[3] Bailey, K. M. (2006). Language Teacher Supervision. Cambridge: Cambridge University Press.

[4] Bakhtin, M. M. (1982). The dialogic imagination: Four essays by M.M. Bakhtin. Austin: University of Texas Press.

[5] Bamber, B. (1987). Training the trainers. In Bowers, R. (Ed.), Language Teacher Education. ELT Documents 125. London: The British Council and Modern English Publications.

[6] Barak, J., Gidron, A. & Turniansky, B. (2010). "Without stones there is no arch": a study of professional development of teacher educators as a team. Professional Development in Education, 36(1-2): 275-287.

[7] Bax, S. (1997). Roles for a teacher educator in context-sensitive teacher education. ELT Journal, 51(3): 223-241.

[8] Bax, S. (2002). The Social and Cultural Dimensions of Trainer Training. Journal of Education for Teaching: International research and pedagogy, 28(2): 165-178.

[9] Ben-Peretz, M., Kleeman, S., Reichenberg, R. & Shimoni, S. (2010). Educators of educators: their goals, perceptions and practices. Professional Development in Education, 36(1-2): 111-129.

[10] Bereiter, C., & Scardamalia, M. (1993). Surpassing ourselves: An inquiry into the nature and implications of expertise. Chicago: Open Court.

[11] Berliner, D. C. (1992). The nature of expertise in teaching. In F.K. Oser, A. Dick, & C.C. Block (Eds.), Effective and Responsible Teaching: The New Synthesis (pp.227-248). San Francisco, CA: Jossey-Bass.

[12] Berliner, D. C. (2001). Learning about and learning from expert teachers. International Journal of Educational Research, 35: 463-482.

[13] Berry, A. & Van Driel, J. H. (2013). Teaching about teaching science: Aims, Strategies, and backgrounds of science teacher educators. Journal of teacher education, 64(2): 117-128.

[14] Bloomberg, L. D. & Volpe, M. (2008). Completing your Qualitative Dissertation: A

Roadmap from Beginning to End. Thousand Oaks, CA: Sage.

[15] Bond, L., Smith, T., Baker, W. K. & Hattie, J. A. (2000). The Certification System of the National Board for Professional Teaching Standards: A Construct and Consequential Validity Study. Greensboro, NC: Greensboro Center for Educational Research and Evaluation, University of North Carolina.

[16] Borg, S. (2001). The research journal: A tool for promoting and understanding researcher development. Language Teaching Research, 5: 156-177.

[17] Borg, S. (2010). Contemporary themes in language teacher education. Foreign Languages in China, 7(4): 84-89.

[18] Borrero, N. (2010). Urban School Connections: A University-K-8 Partnership. Catholic Education: A Journal of Inquiry and Practice, 14(1): 47-66.

[19] Boyd, P. & Harris, K. (2010). Becoming a university lecturer in teacher education: expert school teachers reconstructing their pedagogy and identity. Professional Development in Education, 36(1-2): 9-24.

[20] Bransford. J. D. & Schwartz, D. L. (1999). Rethinking transfer: A simple proposal with multiple implications. In A. Iranejad, & P. D. Pearson (Eds.). Review of research in education. Washington, DC: American Educational Research Association.

[21] Bransford, J. D., Brown, A. L. & Coeking, R. R. (2000). How People learn: Brain, mind, experience, and school (Expanded Edition). Washington, DC: National Academies Press.

[22] Bullough, R. V. & Baughman, K. (1995). Changing contexts and expertise in teaching: First year teacher after seven years. Teaching and Teacher Education, 11(2): 461-478.

[23] Bullough, R. V. (1997). Practicing theory and theorizing practice in teacher education. In J. Loughran, & T. Russell (Eds.), Teaching about teaching (pp. 13-31). London/Washington, DC: Falmer Press.

[24] Burns, A. (1994). Suggestions for a short trainer course. The Teacher Trainer, 8(2): 19-22.

[25] Burns, A. & Richards, J. C. (Eds). (2009). The Cambridge Guide to Second Language Education Cambridge: Cambridge University Press.

[26] Carter, K. (1990). Teachers' Knowledge and learning to teach. In W.R. Houston (Ed.), Handbook of Research on Teacher Education (pp.283-310). New York: Macmillan.

[27] Chase, W. G., & Simon, H. A. (1973). Perception in Chess. Cognitive Psychology, 4: 55-81.

[28] Chi, T. H. (2006). Two approaches to the study of experts' characteristics. In K. A. Ericsson, N. Chamess, P.J. Feltovieh, & R. R. Homnan (Eds.), The Cambridge Handbook of Expertise and Expert Performance (pp. 21-30). NY: Cambridge University Press.

[29] Christians, C. (2005). Ethics and Politics in Qualitative Research. In N.K. Denzin, & Y. S. Lincoln (Eds.), Handbook of Qualitative Research (3rd Ed.) (pp. 139-164). Thousand Oaks, CA: Sage.

[30] Clarke, D. & Hollingsworth, H. (2002). Elaborating a model of teacher professional growth. Teaching and Teacher Education, 18: 947-967.

[31] Cochran-Smith, M. (2003). Learning and unlearning: the education of teacher educators. Teaching and Teacher Education, 19: 5-28.

[32] Cochran-Smith, M. & Lytle, S.L. (2004).Practitioner inquiry, knowledge, and university culture In J. Loughran, M.L. Hamilton, V. LaBoskey, T. Russell (Eds.), International handbook of research of self-study of teaching and teacher education practices (pp. 602-649), Kluwer: Dordrecht.

[33] Cochran-smith, M. (2005). Teacher educators as researchers: multiple perspectives. Teaching and Teacher Education, 21: 219-225.

[34] Daniels, H. (2001). Vygotsky and Pedagogy. London: Routledge Falmer.

[35] Davis, F. (1973). The Martian and the Convert: Ontological Polarities in Social Research. Journal of Contemporary Ethnography, 2: 333-343.

[36] de Groot, A. D. (1965). Thought and Choice in Chess. The Hague: Mouton.

[37] Dellicaripini, M. (2009). Enhancing cooperative learning in TESOL teacher education. ELT Journal, 63(1): 42-49.

[38] Doff, A. (1988). Teach English. Cambridge: Cambridge University Press.

[39] Dreyfus, H. L. & Dreyfus, S.E. (1986). The relationship of theory and practice in the acquisition of skill. In P. Benner, C. A. Tanner, & C.A. Chesla (Eds.), Expertise in Nursing Practice (pp. 29-48). New York: Springer Publishing Company.

[40] Edge, J. (1985). "The Somali Oyster": Training the trainers in TEFL. System, 13(2): 113-118.

[41] Edge, J. (2011). The Reflexive Teacher Educator in TESOL: Roots and Wings. New York/London: Routledge.

[42] Ellis, R. (2010). Second language acquisition, teacher education and language pedagogy. Language Teaching, 43(2): 182-201.

[43] Engeström, Y. (1987). Learning by Expanding: An Activity-theoretical Approach to Developmental Research. Helsinki: Orienta-Konsul1.

[44] Engeström, Y., Engeström, R. & Karkkainen, M. (1995). Polycontextuality and boundary crossing in expert cognition: Learning and problem solving complex work activities. Learning and instruction, 5(4): 319-336.

[45] Engeström, Y. (1999). Innovative leaning in work teams: Analyzing cycles of knowledge creation in practice. In Y. Engeström, R.Miettinen, & R. Punamaki (Eds.), Perspectives on activity theory (pp. 377-404). New York: Cambridge University Press.

[46] Engeström, Y. (2001). Expansive Learning at Work: Toward an activity theoretical reconceptualization. Journal of Education and Work. Journal of Education and Work, 14: 133-156.

[47] Engeström, Y. (2003). The Horizontal Dimension of Expansive Learning: Weaving Texture of Cognitive Trails in The Terrain of Health Care in Helsinki. New Challenges to

Research on Learning, 8: 56-88.

[48] Engeström, Y. (2010). Activity theory and learning at work. In M. Malloch, L. Cairns, K. Evans & B. N. O'Connor (Eds.), The Sage Handbook of Workplace Learning (pp. 86-104). Los Angeles: Sage.

[49] Ericsson, K. A. & Smith, J. (1991). Prospects and limits of the empirical studies of expertise: An Introduction. In K. A. Ericsson & J. Smith (Eds.), Towards a General Theory of Expertise: Prospects and Limits (pp.1-38). New York: Cambridge University Press.

[50] Ericsson, K. A. (2002). Attaining excellence through deliberate practice: Insights from the study of expert performance. In M. Ferrari (Ed.), The Pursuit of Excellence through Education (pp. 21–56). Mahwah, NJ: Lawrence Erlbaum Associates.

[51] Ericsson. K. A. (2006). The influence of experience and deliberate Practice on the development of superior expert performance. In K.A. Ericsson, N. Charness, P. J. Feltovich, & R. R. Hoffman (Eds.), The Cambridge Handbook of Expertise and Expert Performance (pp.683-703). New York: Cambridge University Press.

[52] Ericsson, K. A., Perez, R.S., Eccles, D.W., Lang, L., Baker, E.L., Bransford, J.D., Vanlehn, K. & Ward, P. (2009). The measurement and development of professional performance: An introduction to the topic and the background to the design and origin of this book. In K. A. Ericsson (Ed.), Development of Professional Expertise: Towards Measurement of Expert Performance and Design of Optimal Learning Environments (pp.1-24). New York: Cambridge University Press.

[53] Fisher, R. L. (2009). Who is a Teacher Educator? In C. L. Klecka, S. J. Odell, W. R. Houston, & R. H. McBee (Eds.), Visions for Teacher Educators: Perspectives on the Association of Teacher Educators' Standards. US: Association of Teacher Educators and Rowman & Littlefield Education.

[54] Flavell, J. H. (1976). Metacognitive aspects of problem solving. In L. B. Resnick (Ed.), The Nature of Intelligence (pp.231-235). Hillside, NJ: Erlbaum.

[55] Freeman, D. & Richards, J. (1996). Teacher Learning in Language Teaching. New York: Cambridge University Press.

[56] Fullan, M. (2001). The New Meaning of Educational Change (3rd Ed.). London: Routledge Falmer.

[57] Ganser, T. (2000). An ambitious vision of professional development for teachers. NASSP Bulletin, 84(614): 6-12.

[58] Gebhard, J. (1984). Models of supervision: Choices. TESOL Quarterly, 18(3): 501-514.

[59] Glaser, B. G. & Strauss, A. L. (1967). Discovery of substantive theory. In W. Filstead (Ed.), Qualitative Methodology (pp. 288-297). Chicago: Rand McNally.

[60] Glaser, R. & Chi, M. T. H. (1988). Overview. In M.T. H. Chi, R. Glaser, & M. Farr (Eds.), The Nature of Expertise (pp. xv-xxxvi), Hillside, NJ: Erlbaum.

[61] Glatthorn, A. (1995). Teacher Development. In L. Anderson (Ed.), International Encyclopedia of Teaching and Teacher Education. London: Pergamon Press.

[62] Griffin, P. & Cole, M. (1984). Current activity for the future. In B. Roggoff & J. Wertsch (Eds.), New Directions for Child Development. San Francisco: Jossey-Bass.

[63] Griffiths, V., Thompson, S. & Hryniewicz, L. (2010). Developing a research profile: mentoring and support for teacher educators. Professional Development in Education, 36(1-2): 245-262.

[64] Habermas, J. (1972). Knowledge and Interest. London: Heinemann Educational.

[65] Hatano, G., & Inagaki, K. (1986). Two courses of expertise. In H. Stevenson, H. Azuma, & K. Hakuta (Eds.), Child Development and Education in Japan (pp.262-272). San Francisco: Freeman.

[66] Hatton, E. (1994). Work experience as a solution to the problems of relevance and credibility in teacher education. Australian Journal of Education, 38(1): 19-35.

[67] Hayes, D. (2004). Trainer Development: Principles and Practice from Language Teacher Training. Melbourne: Language Australia.

[68] Hayes, D. (2005). Exploring the lives of non-native speaking English educators in Sri Lanka. Teachers and Teaching: Theory and Practice, 11(2): 169-194.

[69] He, A. E. (2009). Bridging the gap between teacher educator and teacher in a community of practice: A case of brokering. System, 37: 153-163.

[70] Hutchinson, T. (1992). The Management of Change. The Teacher Trainer, 3(1).

[71] Illeris, K. (2007). How we learn: Learning and non-learning in school and beyond. New York: Routledge.

[72] Izadinia, M. (2012). Teacher educators as role models: A qualitative examination of student teachers' and teacher educators' views towards their roles. The Qualitative Report, 17(47): 1-15.

[73] Jasman, A. M. (2010). A teacher educator's professional learning journey and border pedagogy: a meta-analysis of five research projects. Professional Development in Education, 36(1-2): 307-323.

[74] Johnson, K. (2005). Introduction. In K. Johnson (Ed.), Expertise in Second Language Learning and Teaching (pp. 1-7). New York: Palgrave Macmillan.

[75] Johnson, K. E. (2006). The sociocultural turn and its challenges for second language teacher education. TESOL Quarterly, 40(1): 235-257.

[76] Johnson, K. E. (2009). Second Language Teacher Education: A Sociocultural Perspective. New York: Routledge.

[77] Koster, B. & Dengerink, J. (2001). Towards a professional standard for Dutch teacher educators, European Journal of Teacher Education, 24(3): 343-354.

[78] Koster, B., Brekelmans, M. Korthagen, F. & Wubbels, T. (2005). Quality requirements for teacher educators. Teaching and Teacher Education, 21(2): 157-176.

[79] Kumaravadivelu, B. (2012). Language Teacher Education for a Global Society: A Modular Model for Knowing, Analyzing, Recognizing, Doing, and Seeing. New York /London: Routledge.

[80] Lanier, J. E. & Little, J. W. (1986). Research on teacher education. In M. C. Wittrock (Ed.), Handbook of research on teaching (3rd Ed.) (pp.527-569). New York: MacMillan Publishing.

[81] Lave, J. & Wenger, E. (1991). Situated learning: Legitimate peripheral participation. Cambridge: Cambridge University Press.

[82] Leinhardt, G. & Greeno, J. G. (1986). The cognitive skill of teaching. Journal of Educational Psychology, 78(2), 75-95.

[83] Lin, X., Schwartz, D.L. & Bransford, J. (2007). Intercultural adaptive expertise: Explicit and implicit lessons from Dr.Hatano. Human Development, 50: 65-72.

[84] Loughran, J., & Berry, A. (2005). Modeling by teacher educators. Teaching and Teacher Education, 21:193-203.

[85] Loughran, J. & Russell, T. (2002). Improving Teacher Education Practice through Self-study. New York: Routledge.

[86] Lubelska, D. & Robbins, L. (1999). Moving from teaching to training. IATEFL Teacher Trainers' SIG Newsletter, 11: 7-9.

[87] Lunenberg, M. & Willemse, M. (2006). Research and professional development of teacher educators. European Journal of Teacher Education, 29(1): 81-89.

[88] Lunenberg, M., Korthagen, F. & Swennen, A. (2007). The teacher educator as a role model. Teaching and Teacher Education, 23: 586-601.

[89] Maggioli, G. D. (2012). Teaching Language Teachers: Scaffolding Professional Learning. Lanham, Maryland: Rowman & Littlefield Education.

[90] Malderez, A. & Bodoczky, C. (1999). Mentor Courses: A Resource Book for Trainer-trainer. Cambridge: Cambridge University Press.

[91] Malderez, A. & Wedell, M. (2007). Teaching Teachers: Processes and Practices. London: Continuum.

[92] Marton, F. (1994). On the structure of teachers' awareness. In I. Carlgren, G. Handal, & S. Vaage (Eds.), Teachers' Minds and Actions: Research on Teachers' Thinking and Practice (pp. 28-42). London: Falmer Press.

[93] Maxwell, J. A. (2005). Qualitative Research Design: An Interactive Approach (2nd Ed.). Thousand Oaks, CA: Sage.

[94] McGrath, I. (1997). Learning to train: Perspectives on the Development of Language Teacher Trainers. Hemel Hempstead, UK: Prentice Hall.

[95] McGregor, D., Hooker, B., Wise, D. & Devlin, L. (2010). Supporting professional learning through teacher educator enquiries: an ethnographic insight into developing understandings and changing identities. Professional Development in Education, 36(1-2): 169-195.

[96] Merriam, S. B. (1988). Case Study Research in Education: A Qualitative Research. San Francisco: Jossey-Bass.

[97] Miles, M. B. & Huberman, A. M. (1994). Qualitative Data Analysis: An Expanded Sourcebook. Thousand Oaks, CA: Sage.

[98] Mills. C. W. (2000). The Sociological Imagination. New York: Oxford University Press.

[99] Moncada, A. G. & Ortiz, D. I. Q. (2003). Tomorrow's EFL teacher educators. Colombian Applied Linguistics Journal, 5: 86-104.

[100] Moncada, A. G. & Ospina, E. N. S. (2005). The professional development of foreign language teacher educators: Another challenge for professional communities. Ikala, revista de lenguajey cultura, 16(10): 11-39.

[101] Munby, H., Russell, T. & Martin, A. K. (2001). Teachers' knowledge and how it develops. In V. Richardson (Ed.), Handbook of Research on Teaching (pp. 877-904). Washington, DC: AERA.

[102] Murry, J. & Male, T. (2005). Becoming a teacher educator: Evidence from the field. Teaching and Teacher Education, 21(2): 125-142.

[103] Nardi, B. A. (1996). Context and Consciousness: Activity Theory and Human-computer Interaction. Cambridge, MA: MIT Press.

[104] Norton, B. & Early, M. (2011). Researcher identity, narrative inquiry, and language teaching research. TESOL Quarterly, 45(3): 415-439.

[105] Paavola, S., Lipponen, L. & Hakkarainen, K. (2004). Models of innovative knowledge communities and three metaphors of learning. Review of Educational Research, 74(4): 557-576.

[106] Polanyi, M. (1958). Personal Knowledge. London: Routledge and Kegan Paul.

[107] Richards, J. C. (1998). Beyond Training. Cambridge: Cambridge University Press.

[108] Richards, J. C. & Nunan, D. (Eds.) (1990). Second Language Teacher Education. Cambridge: Cambridge University Press.

[109] Ryle, G. (1949). The Concept of Mind. London: Hurchinson.

[110] Sabers, D. S., Cushing, K. S. and Berliner, D. (1991). Differences among teachers in a task characterized by simultaneity, multidimensionality, and immediacy. American Educational Research Journal, 28: 63-88.

[111] Saito, E., Harun, I., Kuboki, I. & Tachibana, H. (2006). Indonesian lesson study in practice: Case study of Indonesian mathematics and science teacher education project. Journal of In-Service Education, 32(2): 171-184.

[112] Schön, D. A. (1983). The Reflective Practitioner. San Francisco, CA: Jossey-Bass.

[113] Schwab, J. (1978). The practical: A language for curriculum. In I. Westbury, & N. J. Wilkof (Eds.), Science, curriculum, and Liberal Education (Selected Essays). Chicago: The university of Chicago Press.

[114] Seidman, I. (2006). Interviewing as Qualitative Research: A Guide for Researchers in Education and the Social Sciences (3rd Ed.). New York: Teachers College Press.

[115] Sfard, A. (1998). On two metaphors for learning and the dangers of choosing just one. Educational Researcher, 27: 4-13.

[116] Shagrir, L. (2010). Professional development of novice teacher educators:

professional self, interpersonal relations and teaching skills. Professional Development in Education, 36(1-2): 45-60.

[117] Shimahara, N. K. & Sakai, A. (1995). Learning to Teach in Two Cultures. New York/London: Garland Publishing.

[118] Shteiman, Y., Gidron, A., Eilon, B. & Katz, P. (2010). Writing as a journey of professional development for teacher educators. Professional Development in Education, 36(1-2): 339-356.

[119] Shulman, L. (1987). Knowledge and teaching: Foundations of the new reform. Harvard Educational Review, 57(1): 1-22.

[120] Shulman, L. (1988). The dangers of dichotomous thinking in education. In P. Grimmet, & G. Erickson (Eds.), Reflections on Teacher Education (pp. 31-39). New York: Teacher College Press.

[121] Shulman, L. S. (1996). Just in Case: Reflections on Learning from Experience. In J. Colbert, K. Trimble, & P. Desberg (Eds.), The Case for Education: Contemporary Approaches for Using Case Methods. Needham Heights, MA: Allyn and Bacon.

[122] Slick, S. K. (1998). The university supervisor: A disenfranchised outsider. Teaching and Teacher Education, 14(8): 821-834.

[123] Smith, K. (2001). Professional knowledge of teacher educators. Paper presented at the AERA Conference.

[124] Smith, K. (2003). So, what about the professional development of teacher educators? Eupopean Journal of Teacher Education, 26(2): 201-217.

[125] Smith, K. (2005). Teacher educators' expertise: what do novice teachers and teacher educators say? Teaching and Teacher Education, 21: 177- 192.

[126] Stake, R. E. (1995). The Art of Case Study Research. Thousand oaks, CA: Sage.

[127] Sternberg, R. J. & Horvath, J. A. (1995). A prototype view of expert teaching. Educational Researcher, 24: 9-17.

[128] Stigler, J. W. & Hiebert, J. (1999). The Teaching Gap: Best Ideas from the World's Teachers for Improving Education in the Classroom. New York: The Free Press.

[129] Strauss, A. L. (1987). Qualitative Analysis for Social Scientists. Cambridge: Cambridge University Press.

[130] Swanson, H. L., O'Conner, J. E. & Cooney, J. B. (1990). An information processing analysis of expert and novice teachers' problem solving. American Educational Research Journal, 27: 533-555.

[131] Swennen, A. & Bates, T. (2010). The professional development of teacher educators. Professional Development in Education, 36(1-2): 1-7.

[132] Thomas, H. & Wright, T. (1999). The role of facilitator training and the development of process competence. In Triangle XV: Redesigning the Language Classroom. Fontenay/St-Cloud: ENS Editions.

[133] Tomlinson, B. (1988). Managing change in Indonesian high schools. ELT Journal,

44(1): 25-37.

[134] Tozer, M., Fazey, L. & Fazey, J. (2007). Recognizing and developing adaptive expertise within outdoor and expedition leaders. Journal of Adventure Education and Learning, 7(1): 55-75.

[135] Tsui, A. B. M. (2003). Understanding Expertise in Teaching: Case Studies of Second Language Teachers. Cambridge: Cambridge University Press.

[136] Tsui, A. (2005). Expertise in Teaching: Perspectives and Issues. In K. Johnson (Ed.), Expertise in Second Language Learning and Teaching (pp. 167-189). New York: Palgrave Macmillan.

[137] Tsui, A. & Law, D. (2007). Learning as boundary-crossing in school–university partnership. Teaching and Teacher Education, 23: 1289-1301.

[138] Turner-Bisset, R. (2001). Expert Teaching: Knowledge and Pedagogy to Lead the Profession. London: David Fulton Publishers.

[139] Velzen, C., Klink, M., Swennen, A. & Yaffe, E. (2010). The induction and needs of beginning teacher educators. Professional Development in Education, 36(1-2): 61-75.

[140] Vilches, M. L. (2003). Turning teachers into trainers. What does it entail? Plenary paper presented at the PELLTA English Language Teaching Conference, Penang.

[141] Vygotsky, L.S. (1978). Mind in society: The development of higher psychological processes. Cambridge, MA: Harvard University Press.

[142] Walker, E. (2007). A teacher educator's role in an Asia-derived learning study. Studying Teacher Education: A Journal of Self-study of Teacher Education Practices, 3: 103-114.

[143] Wallace, M. (1991). Training Foreign Language Teachers: A Reflective Approach. Cambridge: Cambridge University Press.

[144] Wang, Q. (2012). From a language teacher to a teacher educator – What knowledge base is needed? Paper presented at the 1st English Language Teacher Education Summit, Beijing.

[145] Waters, A. & Vilches, M. L. (2003). Trainer training-room skills. The Teacher Trainer, 17(1): 3-8.

[146] Waters, A. (2005). Expertise in Teacher Education: Helping Teachers to Learn. In K. Johnson (Ed.), Expertise in Second Language Learning and Teaching (pp. 210-229). New York: Palgrave Macmillan.

[147] Wells, G. (2000). Dialogic inquiry in education: Building on the legacy of Vygotsky. In C.D. Lee, & P. Smagorinsky (Eds.), Vygotskian perspectives on literacy research (pp. 51-85). New York: Cambridge University Press.

[148] Wenger, E. (1998). Communities of Practice: Learning, meaning and Identity. Cambridge: Cambridge University Press.

[149] Willemse, M., Lunenberg, M. & Korthagen, F. (2005) Values in education: a challenge for teacher educators. Teaching and Teacher Education, 21: 205-217.

[150] Williams, J. & Ritter J. K. (2010). Constructing new professional identities through

self-study: from teacher to teacher educator. *Professional Development in Education*, 36(1-2): 77-92.

[151] Wineburg, S. (1998). Reading Abraham Lincoln: An expert/expert study in the interpretation of historical texts. *Cognitive Science*, 22(3): 319-346.

[152] Wolcott, H. F. (2005). *The Art of Fieldwork* (2nd Ed.). Walnut Creek, CA: Alta Mira.

[153] Wood, E. & Geddis, A. N. (1999). Self-conscious narrative and teacher education: Representing practice in professional course work. *Teaching and Teacher Education*, 15: 107-119.

[154] Woods, D. (1996). *Teacher Cognitoin in Language Teaching*. New York: Camridge University Press.

[155] Wright, T. (2009). "Trainer development": Professional development for language teacher educators. In A. Burns, & J. C. Richards (Eds.), *The Cambridge Guide to Second Language Education* (pp. 102-112). Cambridge: Cambridge University Press.

[156] Wright, T. (2010). Second language teacher education: Review of recent research on practice. *Language Teaching*, 43: 259-296.

[157] Wright, T. & Bolitho, R. (2007). *Trainer Development*. www.lulu.com.

[158] Yin, R. K. (1994). *Case Study Research: Design and Methods* (2nd Ed.). Los Angeles: Sage.

[159] Zeichner, K. M. (2005). Becoming a teacher educator: a personal perspective. *Teaching and Teacher Education*, 21(2): 117-124.

[160] Zhu，H. (2010). Curriculum reform and professional development: a case study on Chinese teacher educators. *Professional Development in Education*, 36(1-2): 373-391.

[161] 安桂清.（2007）.课例研究：信念、行动与保障.全球教育展望，（3）：42-46.

[162] 安桂清.（2008）.课例研究的意蕴和价值.全球教育展望，（7）：15-19.

[163] 陈向明.（2000）.质的研究方法与社会科学研究.北京：教育科学出版社.

[164] 陈向明.（2001）.教师如何做质的研究.北京：教育科学出版社.

[165] 陈向明.（2013a）.从教师"专业发展"到教师"专业学习".教育发展研究，（8）：1-7.

[166] 陈向明.（2013b）.课例研究与教师专业发展.北京：中国外语教育协会第17届年会.

[167] 陈向明.（2013c）.质性研究方法课课程资料.北京：北京大学教育学院.

[168] 陈向明等.（2011）.搭建实践与理论之桥——教师实践性知识研究.北京：教育科学出版社.

[169] 杜静.（2010）.历史与现实的追问：英国教师在职教育的发展与动因研究.北京：中国社会科学出版社.

[170] 顾泠沅，王洁.（2003）.教师在行动教育中成长以课例为载体的教师教育模式研究.全球教育展望，（1）：44-49.

[171] 顾佩娅.（2009）.优秀外语教师成长案例研究.北京：外语教学与研究出版社.

[172] 胡定荣．(2010)．课例研究如何取得实效——对七位初中教师课例研究经历的反思．中国教育学刊，(10)：66-69．

[173] 胡庆芳．(2006)．课例研究的作用、特征和必要条件：来自日本和美国的启示．外国教育研究，(4)：29-33．

[174] 霍海洪．(2009)．课例研究在美国：挑战对策与启示．全球教育展望，(3)：29-34．

[175] 蒋盛楠．(2012)．美国威斯康星大学教师发展的有效途径——课例研究．外国教育研究，(10)：106-112．

[176] 康晓伟．(2012)．教师教育者：内涵、身份认同及其角色研究．教师教育研究，(1)：13-17．

[177] 赖学军，尤冰虹．(2004)．论诊断式教师教育．教育理论与实践，(17)：33-36．

[178] 李纯，李森．(2012)．智者之教：高中新课程改革背景下教师教育者的教学改进．教育理论与实践，(32)：32-36．

[179] 李玲，邓晓君．(2010)．荷兰教师教育工作者专业标准研究．西南大学学报（社会科学版），36（1）：67-70．

[180] 李学农．(2008)．论教师教育者．当代教师教育，(1)：47-50．

[181] 李子建，丁道勇．(2009)．课例研究及其对我国校本教研的启发．全球教育展望，(4)：29-34．

[182] 林小英．(2013)．质性研究方法课课程资料．北京：北京大学教育学院．

[183] 刘学惠．(2006)．探究教师建构性学习——一个英语教师课堂研究小组的案例．北京师范大学博士论文．

[184] 刘熠．(2011)．叙事视角下的大学公共英语教师职业认同建构研究．北京：外语教学与研究出版社．

[185] 龙宝新．(2009)．对当前我国教师教育中存在的"钟摆"倾向的反省．教师教育研究，21（1）：1-5．

[186] 吕立杰，刘静炎．(2010)．在理论和实践之间教与学——西方国家教师教育者"自我研究"运动述评．全球教育展望，39（5）：42-46．

[187] 彭伟强，朱晓燕，钟美华．(2008)．外语教师教育与发展研究：现状、思考与展望．外语界，(5)：38-45．

[188] 苏霍姆林斯基．(1984)．给教师的建议．杜殿坤编译．北京：教育科学出版社．

[189] 童慧，杨彦军．(2013)．基于"课例研究"的教师教学反思能力成长之研究．中国电化教育，(3)：62-67．

[190] 王加强．(2011)．教师教育者的多元角色分析——基于教师专业发展视角．当代教育科学，(23)：45-49．

[191] 王洁，顾泠沅．(2007)．行动教育——教师在职学习的范式革新．上海：华东师范大学出版社．

[192] 王洁．(2009)．教师的课例研究旨趣与过程．中国教育学刊，(10)：83-85．

[193] 王美.（2010）.面向知识社会的教师学习——发展适应性专长.华东师范大学博士论文.

[194] 王宁.（2002）.个案的属性和个案研究方法的逻辑基础.社会学研究,（5）：123-125.

[195] 文秋芳,任庆梅.（2010）.大学英语教师专业发展研究的趋势、特点、问题与对策：对我国 1999—2009 期刊文献的分析.中国外语,（4）：77-83.

[196] 文秋芳,任庆梅.（2012）.互动发展模式下外语教学研究者的专业成长.外语界,（4）：77-83.

[197] 吴刚,洪建中.（2012）.一种新的学习隐喻,拓展性学习的研究.远程教育杂志,（3）：23-30.

[198] 吴一安,周燕（编）.（2008）.中国高校英语教师教育与发展研究.北京：外语教学与研究出版社.

[199] 杨鲁新,王素娥,常海潮,等.（2012）.应用语言学中的质性研究.北京：外语教学与研究出版社.

[200] 杨秀玉,孙启林.（2007）.教师的教师：西方的教师教育者研究.外国教育研究,（10）：6-11.

[201] 杨玉东.（2010a）.基于课例研究的实作式教师教育模式.中国教育学刊,（5）：76-82.

[202] 杨玉东.（2010b）.教师教育者应行走在理论与实践断层之间.中国教育报,（5）：2-5.

[203] 杨跃.（2011）.谁是教师教育者——教师教育改革主体身份建构的社会学分析.南京师大学报（社会科学版）,（6）：71-76.

[204] 张东娇.（2009）.课例研究：提升学校效能的文化工具——以北京市丰台区三所小学的课例研究为例.中国教育学刊,（10）：21-25.

[205] 张莲.（2011）.《应用语言学中的个案研究方法》导读.北京：外语教学与研究出版社.

[206] 赵萌萌.（2012）.校本课例研究中的教师专业发展个案研究.华东师范大学硕士论文.

[207] 赵明仁.（2009）.教学反思与教师专业发展.北京：北京师范大学出版社.

[208] 朱旭东.（2004）.如何理解教师教育大学化？比较教育研究,（1）：1-7.

[209] 朱旭东（编）.（2011）.教师专业发展理论研究.北京：北京师范大学出版社.

[210] 邹为诚.（2009）.中国基础教育阶段外语教师的职前教育研究.外语教学理论与实践,（1）：1-19.

[211] 佐藤学.（2003a）.课程与教师.钟启泉译.北京：教育科学出版社.

[212] 佐藤学.（2003b）.静悄悄的革命——创造活动、合作、反思的综合学习课程.李季循译.长春：长春出版社.

后 记

研究做到最后，忽然间感觉，想读而没读的书永远比已读的书要多，有待解决的问题竟比已解决的要多。学术探究也许大抵如此吧，研究者需终其一生，在不断发现的同时又不断开启新的问题空间，从而不断接近真理。本书见证了我在求知问学路上的甘苦，以及感念于心的人与事，情与景。

本书凝聚着我攻读博士期间的导师罗少茜教授，以及指导小组的王蔷教授、田贵森教授、程晓堂教授等的心血。他们或深厚，或纯笃，或激越，或清和，或锐敏，或严谨，开启了我的学术视野和研究意识。我特别感谢导师引领我走上这条学术研究之路。初来乍到时，我对外语教师教育专业领域的认知之肤浅显而易见，内心也不时感到焦虑，但罗老师却因此给予我更多关心，时常鼓励我突破已有知识的桎梏。对于导师那几年在精神和学术上的陪伴，任何感激的话语都显得冗余。

北京大学陈向明教授，北京外国语大学吴一安教授、周燕教授和张莲教授，苏州大学顾佩娅教授等给予我诸多启发和鼓励。在此向他们表示衷心的感谢。陈向明老师建构式的课堂为我这个研究新手打开了质性研究的"耳目"，她总有一些话让我回想、玩味。吴一安老师对本研究选题的肯定，使我在自我怀疑和彷徨的时候有了前行的力量。周燕老师精彩的课堂为我树立了榜样，并且在答辩时她那恬静温润的笑容对于慌张的我胜过任何镇静剂。张莲老师对本研究初稿细致、精准的批注让我感动，并警觉自己的研究与"完美"间的天文距离。顾佩娅老师在老父亲生病住院期间还看了我的开题报告，那份谆谆教导至今温暖我心。此外，美国密歇根大学Donald Freeman教授和英国爱丁堡大学Alan Waters博士对年轻后学谦和的培育态度令我受宠若惊。

感谢参与本书研究的所有一线外语教师和教师教育者，以及为本研究提供过支持的学校和机构。尤其感谢参与研究全程的辛老师（化名），她既是我研究田野中的主角，又亦师亦友。如果没有她，本研究的完成是无法想象的。她的那份淡定以及对外语教育事业的执着和投入将永远激励我的人生。

我还要衷心地感谢清华大学文科出版基金和清华大学出版社的鼎力支持。

感谢家人的陪伴和支持。无论阴晴圆缺，我始终走在你们的关爱和祝福里。

最后，感谢出现在我从事本书研究和出版期间同行的所有人，不管一起走了多远，你们使我的学术之旅不再孤单。

2024 年岁末